DreamMakers
FAZEDORES DE SONHOS

Agentes de Transformação

Destacando

A História do Comitê para Democratização da Informática

Tradutor:
Sergio A. Rosenwald

Michele Hunt

DreamMakers
FAZEDORES DE SONHOS

Agentes de Transformação

Destacando
A História do Comitê para Democratização da Informática

Copyright © 2010 by Michele Hunt
Tradução autorizada do original DreamMakers: Agents the Transformation. Featuring - The Center for Digital Inclusion Story

Copyright © 2010 by Michele Hunt
Todos os direitos desta edição reservados à Qualitymark Editora Ltda.
É proibida a duplicação ou reprodução deste volume, ou parte do mesmo, sob qualquer meio, sem autorização expressa da Editora.

Direção Editorial	Produção Editorial
SAIDUL RAHMAN MAHOMED editor@qualitymark.com.br	EQUIPE QUALITYMARK producao@qualitymark.com.br

Capa	Editoração Eletrônica
RENATO MARTINS Artes & Artistas	MS EDITORAÇÃO

1a Edição
JUNHO DE 2010

CIP-Brasil. Catalogação-na-fonte
Sindicato Nacional dos Editores de Livros, RJ

H921d
Hunt, Michele, 1949-
  DreamMakers : agentes de transformação / Michele Hunt ; tradução Sergio A. Rosenwald. - Rio de Janeiro : Qualitymark, 2010.
  200p.

  Tradução de: DreamMakers : agentes de transformacion
  ISBN 978-85-7303-934-4

  1. Liderança. 2. Liderança comunitária. 3. Experiências de vida. 4. Mudança social. 5. Sucesso. I. Título.

10-2334
CDD: 158.4
CDU: 159:316.46

2010
IMPRESSO NO BRASIL

Qualitymark Editora Ltda.
Rua Teixeira Júnior, 441 - São Cristóvão
20921-405 – Rio de Janeiro – RJ
Tel: (21) 3295-9800 ou 3094-8400

QualityPhone: 0800-0263311
www.qualitymark.com.br
E-mail: quality@qualitymark.com.br
Fax: (21) 3295-9824

A Nicole Hunt

Este livro é dedicado à minha filha, minha maior professora e melhor amiga. Obrigada por seu amor e apoio e pelas conversas tarde da noite me animando. Mais do que tudo, obrigada por ser minha filha. Você possui um belíssimo espírito.

Agradecimentos

À minha família: Meus pais, Ted e Leona; meus irmãos, Teddy e Bruce e minha filha Nicole. Obrigada a cada um e a todos vocês por serem quem são. Suas personalidades fortes, diversificadas, combinadas com seu amor, intimidade e abundância de humor, fizeram esta viagem belíssima. Seus profundos valores e compromisso incrível à família e à comunidade me forneceram os ingredientes para o *DreamMakers*.

A Max De Pree: Obrigada por ser meu mentor e amigo por mais de vinte e nove anos. Espero que você saiba quanto eu o estimo e respeito por perceber meu potencial, confiar na minha competência e compromisso e me desafiar a aprender e crescer. Também lhe agradeço por continuar comigo nos meus erros; seu "amor resistente" manteve-me no caminho nos tempos difíceis.

A Shelly Brodecki: Obrigada por me sugerir fazer de *DreamMakers* uma série. Esse foi um momento "Aha" para mim. Eu adoro a ideia de viajar pelo mundo encontrando DreamMakers.

Ao meu Editor: Saidul Rahman Mahomed, obrigada por ser um grande parceiro e colaborador. É um presente trabalhar com alguém que compartilha de minha visão e de meus valores. Você é um DreamMaker de pleno direito.

Às pessoas corajosas e generosas neste livro: Minha mais profunda gratidão a cada um de vocês por abrirem seus corações e dividirem suas lutas pessoais e triunfos conosco. Suas histórias poderosas nos ajudam a compreender que nós também podemos tornar nossos sonhos e esperança em realidade. Vocês tocaram meu coração, agitaram minha paixão e me inspiraram a continuar minha busca para desenvolver a DreamMaker em mim, e para descobrir DreamMakers por todo o mundo. Vocês são um presente para o espírito humano.

Sobre a Autora

   Michele é conhecida internacionalmente por seu trabalho como uma catalisadora de mudanças e uma treinadora para líderes de organizações e de comunidades sobre transformação, desenvolvimento de liderança e eficiência organizacional. Ela trabalha com líderes de organizações e de comunidades para ajudá-los a mudarem sua visão, valores e metas dentro da realidade. Seu trabalho se fundamenta nos princípios de participação, colaboração, aprendizado compartilhado e alinhamento.

   Michele iniciou sua empresa em 1995. Entre seus clientes estão as equipes de liderança de empresas como: IBM, Motorola, Swiss Reinsurance Company, Popular Inc., (Banco Popular Puerto Rico, Banco Popular North America, EVERTEC), Bright China Management Institute, BHP of Australia, NASA, The U.S. Veterans Administration, The U.S. Food and Drug Administration, The U.S. National Park Service, The U.S. Department of Education, Junior Achievement of New York, World Vision International, The Episcopal Divinity School at Harvard e a equipe de liderança das Escolas Públicas de Chicago (Chicago Public Schools).

   Seu trabalho também inclui comunidades. Em 1998 Michele se associou com a Aruba's Quality Foundation na facilitação de uma visão nacional compartilhada para o país Aruba: *Aruba, 2005*. Esse processo envolveu todos os segmentos da sociedade local, incluindo crianças em idade escolar.

   Michele também é oradora destacada em encontros e conferências ao redor do mundo para negócios, associações, organizações sem fins lucrativos, comunidades e governos. Suas apresentações são focadas na sua crença de que as pessoas possuem a capacidade de criar futuros muito melhores do que temos ousado sonhar.

Suas apresentações incluíram: A Organização das Nações Unidas – Visão para um melhor diálogo mundial global, The Aspen Institute -Tomorrows Corporation, The Young Managers Program, Writer's Lecture Series, The Peter Drucker Foundation, The Conference Board – CEO Leadership Conference, Hewlett-Packard – Executive and Professional Women's Conference (2800 HP women), Banco do Brasil, Swiss Reinsurance Company – Leadership Conference, Society for Human Resource Managers (SHRM) – Annual Conference, The National Association of Fund Raisers – Annual Conference, NASA – Top Leadership Meeting, US Secretary of Defense – Strategic Human Resource Leadership Forum, The Kellogg Foundation – Fellows Program, ASTD International Conference and St. Jude's Children Research Hospital.

Ela assumiu suas crenças através de suas experiências pessoais e profissionais e através de sua pesquisa sobre outras pessoas que tiveram grandes sonhos e os transformaram em realidade. Publicou essas histórias em seu livro: *DreamMakers – Fazedores de Sonho: Visão e Valores em Ação*. Suas plateias são diversas, incluindo grupos corporativos e de negócios, associações, governos e grupos de comunidades.

Em 1992, a Michele Hunt serviu na Equipe de Transição do Presidente Bill Clinton. Em 1993 foi indicada pelo Presidente Clinton para servir como Diretora Executiva do Federal Quality Institute. A missão do instituto era auxiliar a semear a reinvenção do governo dos Estados Unidos através da iniciativa do Presidente: **The National Performance Review:** *Creating a Government that Works Better and Cost Less* (**A Revisão Nacional de Desempenho:** *Criando um Governo que Trabalha Melhor e Custa Menos*) liderada pelo Vice-Presidente Al Gore. Michele trouxe os mais recentes pensamentos e liderança progressiva e práticas gerenciais para esse esforço, para trabalhar em conjunto com as secretarias de gabinete e suas equipes de liderança. Ela criou parcerias público-privadas com líderes pensadores reconhecidos mundialmente, incluindo: Peter Drucker, John Gardner, Max De Pree, Frances Hesselbein, Peter Senge, Meg Wheatly.

Antes dessa indicação, Michele passou 13 anos na Herman Miller, Inc., uma empresa de móveis de escritório global, pertencente à lista da *Fortune 500*. Ela serviu na equipe de liderança executiva como Vice-Presidente Sênior para as Pessoas, reportando-se a Max De Pree, CEO e

Chairman. Nessa qualidade ela liderou a transformação organizacional da empresa. Era responsável pelo desenvolvimento de liderança global, Recursos Humanos, Gerência de Qualidade, Estudo e Desenvolvimento, Comunicações Corporativas e Gerenciamento de Mudanças.

A transformação organizacional da empresa resultou na Herman Miller se tornar *A Empresa Mais Admirada*, pela revista *Fortune*, ficar entre as 10 primeiras *Melhores Empresas para se Trabalhar na América*. A empresa também foi reconhecida como a *Melhor Empresa para as Mulheres* e *A Melhor Empresa para as Mães que Trabalham*. A Herman Miller também recebeu o prestigioso Bertelsmann Awards como *As Empresas mais Bem Administradas no Mundo* e numerosos prêmios relativos ao meio ambiente. Durante seus 13 anos com a empresa, Michele também serviu como Diretora de Relações Corporativas, incluindo: relações com o governo, a mídia, os acionistas e a comunidade.

Michele iniciou sua carreira no Michigan Department of Corrections como uma das primeiras duas oficiais de Justiça do sexo feminino a supervisionar criminosos do sexo masculino em liberdade condicional em Detroit, Michigan. Ela serviu como Diretora Executiva da única Casa de Recuperação para criminosas em Michigan, e mais tarde se tornou a primeira Diretora-Adjunta do sexo feminino, liderando programas para reabilitação em uma prisão masculina.

Michele Hunt é a autora do livro *DreamMakers – Fazedores de Sonho – Visão e Valores em Ação,* com prefácio de Max De Pree, antigo CEO e Chairman da Herman Miller, Inc. Ela é a diretora conceitual do documentário ***DreamMakers***, um filme que destaca histórias convincentes de pessoas e comunidades que tornaram suas esperanças e sonhos em realidade superando tremendos obstáculos. Ela também contribuiu com capítulos em **The Fifth Discipline Fieldbook,** por Peter Senge; ***Leading People***, por Robert Rosen e **The Diversity Action Book**, por Janet Crenshaw Smith.

Michele serviu como professora-adjunta na Georgetown University no Programa de Educação Executiva da McDonough School of Business. Ela também serviu no Conselho de Diretoria da Hewitt Associates, Inc. e da The ServiceMaster Company. Ela foi membro fundadora do conselho da Society for Organizational Learning (SOL), fundada por Peter Senge. Ela serviu como facilitadora do *Tomorrow's Corporation* – no Aspen Institute. Michele serve no conselho da Detroit Windsor Dance Academy.

E colou seus graus de Bacharelado e Mestrado em Sociologia pela Eastern Michigan University e University of Detroit, respectivamente.

Prefácio

Eu creio na minha missão pessoal na vida; meu propósito para estar nesta Terra é procurar e descobrir DreamMakers para inspirarem e demonstrarem que todos temos o poder dentro de nós para transformar o mundo. Os DreamMakers são as pessoas que fazem o sonho acontecer. São homens e mulheres que descobriram a arte e a ciência de tornar suas esperanças e sonhos realidade, *independentemente* de idade, circunstâncias, geografia, condição socioeconômica, herança cultural, étnica ou racial.

Os DreamMakers possuem o grande presente de serem capazes de se agarrarem a uma visão maior ao mesmo tempo que compreendem profundamente e são capazes de articular a realidade atual. Essas pessoas inspiradoras também possuem o coração para amar e respeitar o que significa ser humano, em um mundo que cada vez mais aparenta estar quebrado. Elas possuem a habilidade única de energizar os outros, de tocar no aparente caos de nossas vidas e de encontrar os anseios comuns para algo melhor.

Elas ajudam outros a darem voz às suas visões pessoais – e então constroem uma visão coletiva *compartilhada* baseada no amor, na verdade, na fé e na esperança. Elas têm uma profunda percepção e uma grande visão para enxergarem uma miríade de conexões tanto entre como dentro dos indivíduos e elas percebem as consequências e os benefícios que suas ações terão na sociedade como um todo. Esses líderes visionários alcançam resultados extraordinários e fazem uma diferença positiva nas vidas das pessoas, e em suas organizações e comunidades. Em resumo, os DreamMakers são pessoas que colocam suas poderosas visões positivas e seus valores para trabalharem – para criar um mundo melhor.

Meus pais são dois maravilhosos DreamMakers. Eles lideram nossa família com uma visão positiva para nós mesmos, criada a partir dos valores que mais importavam a eles. Em um tempo em que ser um negro na América era um desafio tremendo, especialmente nas circunstâncias de nossas vidas, eles me ajudaram a ver que era possível fazer minhas esperanças e meus sonhos se tornarem realidade. Eles me ajudaram a compreender que qualquer obstáculo pode ser superado.

Nos meus vinte anos, eu descobri o DreamMakers em um lugar muito pouco provável, uma prisão estadual, enquanto servia como Diretora-Adjunta de Programas de Reabilitação.

Nos meus trinta anos, fui abençoada por trabalhar na Herman Miller, Inc., uma empresa global de móveis de escritório, que fazia parte da lista da *Fortune 500*, sob a liderança e a orientação de Max De Pree, CEO e Chairman. Max liderou a empresa com uma poderosa visão *compartilhada* e valores *comuns* que nos permitiram obter resultados extraordinários e fazer uma diferença positiva nas vidas de nossos funcionários, clientes, famílias e em nossas comunidades. Eu vi em primeira mão como uma entidade corporativa pode criar um paradigma diferente pela maneira como ela define sua comunidade. Também percebi o lado escuro dos negócios e meditei sobre como ele poderia ser evitado.

Em seguida, tendo servido na administração do Presidente Clinton como Diretora do Federal Quality Institute sob a liderança do Vice-Presidente Al Gore, encontrei DreamMakers no governo americano. Buscando criar um governo que funcionasse melhor e custasse menos, vi pessoas renovarem sua energia e compromisso com o serviço público, assumindo a tarefa incrivelmente difícil de transformar organizações que haviam deixado de funcionar adequadamente há décadas. Finalmente, após ter trabalhado em quase todos os setores com variadas atribuições, encontrei a coragem de colocar minha visão pessoal e meus valores para funcionar e segui minha paixão. Em 1995 lancei meu próprio negócio. Até hoje, nesta era sombria de instituições falidas e ganância corporativa, continuo a achar DreamMakers em empresas, agências governamentais, organizações sem fins lucrativos e comunidades por todo o mundo, trabalhando para realizar um bom trabalho e criar lugares que mereçam o comprometimento das pessoas.

Após uma vida testemunhando, trabalhando e aprendendo com essas pessoas surpreendentes, decidi escrever sobre elas. *DreamMakers: (Fazedores de Sonho) Visão e Valores em Ação* foi publicado em 1998 nos Estados Unidos e traduzido em português e publicado no Brasil pela Qualitymark em 2002. O primeiro livro conta treze histórias sobre DreamMakers de todos os setores de nossa sociedade em todo o mundo; empresas e pequenos negócios, comunidades, governos locais e estaduais, organizações sem fins lucrativos, grupos ligados aos esportes e a comunidades de voluntários.

Então, em 2004 colaborei com o Banco Popular e dois diretores consagrados na produção do documentário *DreamMakers*. Esse filme é sobre histórias muito pessoais de indivíduos, famílias e comunidades que colocam suas visões em prática para transformarem suas vidas. É sobre luta e triunfo. É sobre pessoas que se agarraram fortemente a seus sonhos; superaram obstáculos tremendos e tornaram seus sonhos realidade.

Eu continuei nesta viagem para engajar os DreamMakers porque senti uma sensação de frustração, ansiedade e até de medo que muitos de nós experimentamos vivendo nessa época de mudanças e transformações profundas e rápidas. Experimentamos em primeira mão, ou ouvimos histórias sobre a dor e o desamparo provocados pela diminuição da confiança naquelas instituições que nos guiavam no passado.

Nossos locais de trabalho, nossas instituições educacionais, nossos governos, nossas comunidades e até nossas vidas pessoais parecem estar caóticas. Nos anos recentes, caos, conflitos e corrupção parecem ter predominado em nossas sociedades. Entretanto, os DreamMakers encontram maneiras de transformarem aquele caos em oportunidades. Não são otimistas cegos. Ao contrário, usam suas lutas e realidades de seu mundo para alimentarem suas paixões em criarem organizações, comunidades e vidas novas, mais saudáveis e nutritivas.

Na minha busca para descobrir o que poderíamos aprender dos DreamMakers, vi qualidades comuns em seu caráter e ações. Queria saber se eles compartilhavam uma maneira comum de pensar, perspectivas ou visão do mundo, e, de fato, descobri que eles as compartilhavam. À medida que eu entrevistava as pessoas para os livros e o documentário, parecia que eu estava sempre conversando com a mesma pessoa. Elas compartilhavam atitudes e crenças que transcendiam: quem eram, onde viviam ou suas circunstâncias individuais. Elas sempre levavam suas vidas com uma visão convincente e valores profundamente arraigados.

DreamMakers: Agentes de Transformação. *Destacando A História do Comitê para Democratização da Informática* é o livro da série DreamMakers. A história do CDI é extraordinária! Ela é sem sombra de dúvida o mais extraordinário exemplo de pessoas transformando pessoas e comunidades que eu vi em qualquer lugar do mundo. Rodrigo Baggio combinou suas duas paixões, computadores e ação social, para criar o CDI. Sua ampla visão e valores firmes atraíram uma equipe de parceiros e staff de enorme talento e profundamente comprometida. Eles demonstraram como centenas de milhares de pessoas de comunidades empobrecidas em 13 países no mundo transformaram suas vidas e elevaram suas comunidades.

Este livro está organizado em três partes:

Parte Um: Fala mais sobre minha própria história – minha perspectiva e teorias que são os fundamentos para a série DreamMakers. Eu compartilho minha história pessoal; as provações, tribulações e as lições que aprendi. Também compartilho os valores e as características comuns aos DreamMakers.

Parte Dois: Destaca **O Comitê para Democratização da Informática.** Esta é uma história poderosa que precisa ser contada. São pessoas que estão fazendo o que parece impossível. Estão ajudando centenas de milhares de pessoas a transformarem suas vidas e comunidades. Não estão fazendo caridade; estão dando às pessoas as ferramentas para se tornarem cidadãos alfabetizados tecnologicamente, autogerenciáveis e autossustentáveis. Mais importante, eles estão ensinando as pessoas a se tornarem agentes de mudanças, usando a ação social coletiva para transformarem suas realidades e elevar suas comunidades. Seus resultados irão surpreendê-los. Eles são a prova do que as pessoas podem fazer quando se mobilizam em torno de uma forte visão *comum*, enraizada em valores profundos e se comprometem a transformar suas visões em realidade.

Parte Três: *Visão para um Mundo Melhor* é um chamado à ação. Milhões de pessoas em torno do mundo estão se tornando DreamMakers;

agentes de mudança, transformando suas vidas, organizações e comunidades. Eu vejo e escuto histórias fantásticas de mudança e transformação em todos os lugares aonde vou. Acredito que agora é o momento para as pessoas se unirem para transformarem suas visões para um mundo melhor em realidade. É tempo para alinharmos nossas ações com nossas aspirações mais elevadas e tornar nossas esperanças e sonhos em realidade.

As entrevistas neste livro são guiadas por sete perguntas; as mesmas perguntas que fiz para as pessoas em todos os meus livros, filmes e que faço a mim mesma:

1. Quais foram os momentos de definição em sua vida que levaram você até onde se encontra hoje?
2. Qual a sua visão para o futuro?
3. Quais são seus valores fundamentais – o que é mais importante na vida para você?
4. Que obstáculos você encontrou? Como os enfrentou?
5. Você teve algum mentor ou "mãos que ajudaram" ao longo do seu caminho?
6. Que mensagem você tem para: os cínicos; os sem esperança; os jovens?
7. Qual a sua visão para o mundo?

Este livro é sobre esperança, dirigido a qualquer pessoa que esteja buscando um futuro melhor. É especialmente para aqueles que escolhem aceitar a liderança pessoal para mudar as coisas. Aqueles que sentem no seu nível intuitivo que estamos vivendo em um tempo sem precedentes para fazermos a diferença; aqueles que estão procurando por inspiração, insights e ideias para reformatar nossas instituições, organizações, comunidades e vidas. Meu trabalho, minha missão, é compartilhar essas "bolhas de esperança" onde e como eu puder, para nos inspirar a transformar nossas vidas, nossas organizações e instituições, e nossas comunidades, para criarmos um mundo melhor.

Sumário

PARTE 1
Vivendo com um Propósito 1
O Poder da Visão e dos Valores 2
Minha História 8
Da Liberdade Condicional à Prisão 16
Uma Empresa Revolucionária: Participação 21
Participação, Trabalho em Equipe & Propriedade 32
Responsabilidade Familiar, Social e Ambiental 35
Responsabilidade Ambiental 39
Liderança Uma Mudança Radical 42
Reinventando o Governo Americano 46
Sozinha 49
DreamMakers: Decidi escrever sobre isso 54

PARTE 2
O Poder da Inclusão Digital 57
A História do Comitê para a Democratização da Informática 58
Achando um Propósito 69
Capacitados para Agir 74

Uma Visão de Inclusão 78
Obstáculos 81
A Equipe do CDI 87
Mauricio Davila 88
Cinthya Game 95
Romi Azevedo 99
Maria Eduarda Mattar 105
Eugenio Vergara 111
Dhaval Chadha 120
Os Parceiros do CDI 130
Ronaldo Monteiro 133
Maria do Socorro 138
Alexander "Leco" Carlos 142
Wanderson da Silva Skrock 146

PARTE 3
Visões para um Mundo Melhor 151
Razões que nos Compelem a Mudar 152
Uma Chamada para a Ação 168
Zilda Arns 172

PARTE

1

Vivendo com um Propósito

O Poder da Visão e dos Valores

DreamMakers são pessoas que descobriram a arte e a ciência de transformar suas esperanças e sonhos em realidade. Elas descobriram o segredo de romper o ciclo do cinismo e do desespero, substituindo-os por esperança e possibilidades. Elas abraçam uma maneira especial de olhar a vida, que transcende a situação. Elas nos ensinam que nosso futuro não depende de nosso passado, nossas circunstâncias atuais, mas é determinado pela descoberta de quem podemos nos tornar, quando seguimos nossas paixões e firmemente agarramos nossos sonhos.

DreamMakers encontram a coragem de criar uma visão poderosa do que eles querem para seu futuro. Sua visão nasce de seus profundos valores. Mais importante, eles possuem a convicção e o comprometimento de alinhar suas decisões e ações com suas visões e seus valores, para conseguirem que seus sonhos se transformem em realidade.

"Quando realmente desejamos algo, todo o universo conspira em nos ajudar a obtê-lo."

Paulo Coelho
O Alquimista

Marjorie Parker tem uma linda descrição de visão no seu livro *Creating Shared Vision*.

> *"Visões são imagens mentais ponderosas do que você deseja criar no futuro. Elas refletem o que é mais importante para nós, e estão em harmonia com nossos valores e senso de propósito. São um produto de nossa mente e nosso coração coletivo. A visão, embora seja nosso futuro desejado, é experimentada no presente. Ela integra as missões, valores e singularidades dos indivíduos e da organização. Ela integra e alinha os ambientes cultural e de negócios.*
>
> *Uma visão é nossa mais profunda expressão do que desejamos criar juntos."*

A visão serve como nossa Estrela Guia para explorar e mapear nosso futuro. Possuindo uma visão *compartilhada* que nos compele, permite que todos os envolvidos vejam o mesmo retrato do futuro que desejamos criar juntos. Ela alimenta nossa paixão e nos dá um senso de propósito. Quando nossa visão brilha claramente, ela nos permite enxergar além das demandas do dia a dia e do minuto a minuto; ela nos eleva acima de nossos temores e nos permite navegar através das tempestades que certamente virão. A visão nos move para o comprometimento e nos dá a coragem para agir. Mais importante, a visão nos permite tatear no poder extraordinário que existe dentro de cada um e de todos nós.

> *"A visão serve como nossa Estrela Guia para explorar e mapear nosso futuro."*

Valores servem como nosso leme, ajudando-nos a permanecer em alinhamento com nossas crenças, para protegermos o que mais nos importa.

Uma visão sem valores é vazia e potencialmente perigosa. Os valores nos guiam como nos tratamos uns aos outros e ao planeta que compartilhamos. Ao mesmo tempo em que a visão nos fornece a meta, os valores dão o discernimento que estão no coração de tudo que fazemos. Viver nossos valores é o mais difícil – pois lida com assuntos de confiança, verdade e respeito; as assim chamadas "qualidades suaves" são a coisa mais difícil. É muito mais fácil elaborar uma estratégia ou analisar uma planilha do que conquistar a confiança e o respeito das pessoas.

Quando encontramos a coragem para alinhar tudo a fim de servirem nossa à visão e a nossos valores, o que parecia impossível se torna possível. Esses visionários conseguem resultados extraordinários, e fazem uma diferença positiva na vida das pessoas. As pessoas, as organizações e as comunidades que irão prosperar. Pessoas, organizações e comunidades que irão prosperar no Século XXI compreendem isso. Elas estão se reinventando conscientemente, deliberadamente e com senso de urgência, em comunidades e organizações mais naturais, estimuladoras, inclusivas e sustentáveis. Elas estão desenvolvendo visões e valores que apóiam o que realmente importa na vida e honram a integridade de *todas* as pessoas.

Esses visionários estão repensando suas vidas, comunidades e organizações. Estão também examinando suas crenças e premissas básicas sobre como as pessoas aprendem, trabalham e crescem. Líderes que acreditam que as pessoas são extraordinárias e fundamentalmente desejam contribuir e crescer são aqueles mais capazes de auxiliar suas organizações e comunidades a construírem pontes para o futuro. Eles são capazes de abandonar seu modelo antigo de liderança, que exigia deles, teoricamente, que vissem tudo, soubessem de tudo e tivessem todo o poder. Eles estão criando ambientes de aprendizagem que liberam as pessoas a mostrarem tudo que elas são e quem elas podem se tornar em seus trabalhos. Elas estão se engajando em um ambiente compartilhado, com informações compartilhadas e na descoberta em conjunto de novos conhecimentos. Mais importante, elas estão descobrindo a comunidade – o espírito e os valores compartilhados que nos conectam e o amor e a compaixão que nos dão um senso de pertencer.

A explosão das redes sociais através da tecnologia da Internet é um exemplo poderoso de pessoas ávidas por se conectarem umas às outras. Essas comunidades de pessoas de pensamentos semelhantes estão redefinindo formas de estar juntas; saindo de construções hierárquicas, exclusivas, separadas para comunidades inclusivas que florescem no fluxo de ideias em torno de um interesse comum. Enquanto a mídia se concentra em abusos e grupos destrutivos na Internet, existem comunidades muito mais positivas criando novas formas de pensar, novas possibilidades e gerando novas ações e movimentos para mudanças. As pessoas estão surgindo com ideias arrojadas para mudarem nosso mundo, muitas das quais não necessitam de muito dinheiro. Elas não estão pedindo permissão ou perdão, mas estão colocando suas ideias em prática. A quantidade de grupos de redes sociais se conectando, aprendendo e trabalhando em conjunto para solucionar problemas é surpreendente. Hoje, ajudadas pela tecnologia, muitas pessoas, numa quantidade sem precedente, estão decidindo se tornar DreamMakers. São pessoas comuns que descobriram que também elas podem realizar coisas extraordinárias.

Essa nova consciência está se propagando e se multiplicando em todo o mundo quase tão rapidamente quanto a tecnologia que a possibilita. As pessoas estão abandonando os padrões de cinismo, desesperança e desespero e descobrindo o poder individual e coletivo que todos possuímos dentro de nós para mudarmos nossa realidade. A tecnologia da Internet em contínua e rápida evolução tem-se tornado uma ferramenta poderosa para ações sociais, ambientais e políticas – e não se pode pará-la!

Em meu trabalho com equipes de liderança que aceitam esses conceitos e desenvolvimentos fundamentais, vejo coisas muito estimulantes acontecendo – as coisas das quais os sonhos são feitos. Como os DreamMakers neste livro, um número crescente de pessoas está testemunhando transformações dramáticas que são poderosas, estimulantes, e que nos inspiram a ousar sonhar, esperar e trabalhar para criarmos um mundo melhor.

Características Comuns aos DreamMakers

Todos conhecemos os famosos DreamMakers que influenciaram nossas vidas e elevaram nossos espíritos: Nelson Mandela, Martin Luther King, José Lutzenberger, Andreas Pavel, Edson Arantes do Nascimento (Pelé), Cândido Portinari, Sergio Vieira de Mello, Paulo Coelho, Zilda Arns.

As pessoas que chamo de DreamMakers não são aquelas sobre as quais lemos nas manchetes diariamente. Não são necessariamente, nem iriam se identificar como heróis, heroínas ou famosos. Eles, entretanto, descobriram e tatearam a extraordinária natureza e o poder que todos temos dentro de nós para mudar nossa realidade.

Seu segredo parece ser sua atitude; como eles pensam a respeito de si mesmos e o mundo em sua volta. Todos os DreamMakers que conheci ou sobre os quais li a respeito possuem algumas características comuns. Embora sejam altamente diversificados e únicos por si mesmos, eles também parecem abraçar alguns valores e percepções fundamentais – uma maneira de olhar para a vida que transcende o tempo, a cultura, as origens étnicas, a geografia, as instituições ou circunstâncias:

"À medida que eu entrevistava as pessoas para meus livros e documentário, parecia que eu estava sempre falando com a mesma pessoa."

Como elas veem o mundo: Os DreamMakers compartilham de um senso de responsabilidade além de suas próprias vidas. Eles assumem a responsabilidade pelo mundo em que moram e estão comprometidos em torná-lo melhor. Eles compartilham de uma característica que chamo de "otimismo prático". Apesar de perceberem com clareza a realidade atual, eles a confrontam sem recuos. Eles possuem uma profunda crença de que qualquer desafio pode ser superado. Suas visões são largas, profundas e não poluídas pelo cinismo.

Como eles tratam as pessoas: Os DreamMakers compartilham de uma fé profunda nas pessoas, suas capacidades, potencial e sua bondade básica. Relacionamentos interpessoais são preciosos para eles e no coração de tudo que fazem. Eles, desta forma, cuidam de suas vidas, organizações e comunidades com uma reverência para todas as relações humanas.

Como eles tomam decisões: Os DreamMakers possuem um sentimento profundo sobre as coisas. Eles confiam no conhecimento e no julgamento dos outros. Também percebem os benefícios e as consequências de suas ações. Eles parecem tomar decisões com seu coração assim como com suas mentes. E quando sua lógica e seu sentimento entram em conflito, eles vão pelo coração.

Como eles constroem equipes: Os DreamMakers compreendem que todos temos falhas; entretanto, eles focam nos talentos e nas forças das pessoas. Eles constroem equipes que preencham os pontos fracos, permitindo que nos concentremos em nossas forças e complementemos nossas necessidades com as dos demais membros. Eles compreendem o valor da colaboração e da cooperação na conquista de metas, na obtenção de resultados superiores no preenchimento de nosso desejo humano básico por uma sensação de pertencer.

Como eles usam a criatividade: Os DreamMakers permitem que sua criatividade voe. Eles compartilham de um espírito inventivo, acreditando que qualquer ideia ou produto revolucionário necessita de um ambiente que promova perspectivas diversas, experimentações, riscos e diversão.

Como eles atuam: Os DreamMakers estão fora de compasso com a norma, à frente de seu tempo. Eles são bem-sucedidos não por nos levarem a nos reconciliarmos com a realidade, mas porque nos auxiliam a perceber que podemos mudá-la. Eles possuem um senso de liberdade – liberdade para escolher seu próprio caminho e uma inabilidade de aceitar a conformidade. Como Joseph Campbell disse, eles "seguem suas bênçãos".

Como eles respondem ao "fracasso": Os DreamMakers são corajosos e resistentes. Todos eles enfrentaram grandes desafios, cometeram erros, e "fracassaram". Eles também foram capazes de aprender de seus "fracassos" e retornar mais rápidos, fortes e sábios. Na verdade, eles usam suas lições para abastecerem suas visões.

Como eles lidam com o "medo": Os DreamMakers se mantêm focalizados em seu propósito, sua visão e seus valores. Quando surgem sensações de insegurança e ansiedade, eles usam a visão que os impele para elevar suas mentes a seus mais altos propósitos. E eles usam seus valores para lembrar-lhes o que é importante na vida.

Como eles aprendem e crescem: Os DreamMakers possuem um apetite insaciável por nova informação e por perspectivas diferentes. Eles olham cada um e cada situação como fonte de aprendizado e crescimento. Eles são multidimensionais – profundamente envolvidos com suas famílias, comunidades, artes e seu ambiente, assim como com seu trabalho. Eles recebem seu conhecimento de todas essas fontes, desta forma, suas experiências diversas lhes proporcionam um rico acervo de escolhas e ideias.

Como eles permanecem centrados: Todos os DreamMakers expressam sua espiritualidade. Eles acreditam que são parte de algo muito maior do que eles mesmos. Alguns chamam isso de Deus, outros de "o todo invisível" e alguns se referem a isso como um "campo de energia". Independente de como o chamam, eles percebem a conexão profunda entre tudo e todos. Assim, eles tomam decisões e praticam ações à luz de seu impacto no mundo. Eles se sentem profundamente conectados a um propósito mais elevado e a um poder mais alto e veem seu trabalho como uma expressão do Espírito Divino.

Minha História

Uma infância excitante e desafiadora

> *"Quando meus pais se casaram, eles conscientemente criaram uma visão da família e da vida que eles queriam criar juntos."*

Eu sou uma otimista assumida, não porque vejo o mundo através de óculos cor-de-rosa, ou por ter sensibilidade do tipo Pollyanna – é por ter sido estudante de DreamMakers por toda a minha vida. Minha vida tem sido uma viagem de descobertas, testemunhos e tomar parte em coisas extraordinárias que os DreamMakers realizaram. Meus pais são os dois maiores DreamMakers que já conheci. Eles são duas pessoas extraordinárias que conheço, eu devo ter andado em torno deste planeta negociando com Deus, dizendo: "Eu não quero passar antes que essas duas pessoas maravilhosas estejam juntas".

Meus pais vieram de dois inícios muito desafiadores. Mamãe perdeu a mãe dela na jovem idade de sete anos, e seu pai a abandonou e também a seus irmãos. Entretanto, minha mãe, sendo a mais velha, estava determinada a manter todas as crianças juntas. Quando tinha sete anos, ela se tornou a defensora e protetora de seus irmãos. Eles foram transferidos quatro vezes para casas diferentes pela época que ela tinha dez anos. A vida era dura; minha mãe chegou a sofrer abuso, mas escapava através de livros. Ela viajava pelo mundo através das histórias que lia, imaginando-se em lugares e culturas exóticas. Seu maior sonho, entretanto, era ter uma família e dar a ela o amor e o apoio que ela não teve quando criança.

Meu pai era o segundo mais velho de 12 crianças, e viveu em situação de extrema pobreza na cidade de Detroit, Michigan. As artes eram a sua paixão; ele foi dotado de uma voz de barítono clássica, maravilhosa. Ele também tocava todo instrumento de sopro, esculpia e escrevia poesias. Apesar de todos esses talentos, sua mãe disse-lhe que seus sonhos de cantar e representar através do mundo não eram realistas.

Quando meus pais se casaram eles conscientemente criaram uma visão da família e da vida que desejavam criar junto. Eles se comprometeram com um conjunto de valores para orientar suas decisões e ações. Meus pais foram bem-sucedidos em transformarem seus sonhos em realidade. Papai cantou e se apresentou em todo o mundo; ele até se apresentou na televisão em rede nacional. Ele produziu shows elaborados do USO (United Service Organizations)*, com audiências de mais de 10.000 pessoas. Ele também gravou um disco e escreveu um livro infantil. A visão de minha mãe de uma família unida pelo amor também se tornou realidade. Ela estava no centro da criação de amor, beleza e alegria em nosso lar. Sua família era o centro de sua vida e até hoje somos extraordinariamente unidas. Eles são meus melhores amigos e meu maior apoio.

Mamãe e papai não somente criaram um ambiente amoroso para nós, eles estenderam esse amor para outros. Meus pais acreditavam em comunidade. Todos os lugares aos quais íamos, eles formavam clubes da juventude. Nossa casa estava sempre movimentada com pessoas. Quando alguém, qualquer um, estava com problemas emocionais, físicos ou financeiros, meus pais não somente paravam para dar uma ajuda, eles muitas vezes abriam nossa casa para aqueles que necessitavam. Eu me lembro de um dia voltar para casa da escola e encontrar uma esposa que recebia maus-tratos e teve a coragem de deixar seu marido porque tinha um lugar para ficar. Outra vez, cheguei em casa e encontrei uma família que havia perdido tudo em um incêndio. Em três ocasiões separadas, meus pais receberam uma criança que havia sido abandonada por seus pais; eles as criaram como suas próprias. Havia momentos em que eu me ressentia com essas "mudanças", entretanto meus pais trabalharam muito para me fazerem compreender que – *"Pela graça de Deus, aqui vou eu"*. Eu não aceitava as

---

* *N.T. – Organização sem fins lucrativos com o objetivo de proporcionar moral, bem-estar e recreação aos membros em serviço nas forças armadas americanas e suas famílias.*

explicações naqueles dias, porém hoje sou uma pessoa muito melhor por causa de todas aquelas pessoas que compartilharam da nossa casa. Elas me ensinaram muito sobre a vida e a capacidade de "recuar e recomeçar" e meus pais me ensinaram o valor das pessoas e da comunidade.

"Meu pai ficou preso por cinco dias."

A vida não passou sem grandes lutas e desafios, mas nunca vi meus pais se submeterem ao medo ou à derrota, mesmo enfrentando humilhação pública. Durante os dias em que a segregação ainda existia nas bases militares, meu pai, com a intenção de esclarecer seus colegas soldados, pronunciou uma palestra sobre irmandade na seção para brancos do refeitório – ou deveria eu dizer, em cima da mesa que estava reservada para "Somente brancos". Ele não era nem arrogante nem hostil; apenas precisava falar sua verdade. Meu pai foi aprisionado por cinco dias. Desnecessário dizer que as pessoas não estavam prontas para ouvirem aquela verdade.

Enquanto na cadeia, ele meditou e continuou a ter o amor em seu coração. O comandante, o capelão e muitos outros o visitaram e se sentiram humilhados e amaciados por seu amor. Aquele foi um momento de definição em sua vida. Quando foi solto, ele foi solicitado a viajar pelo país para auxiliar no trabalho de combater a segregação nas bases militares. Eu me lembro da primeira vez que o meu pai falou para meus irmãos e para mim sobre esse evento em sua vida. Nós éramos jovens – seis, sete e oito anos – mas com idade suficiente para sabermos que estávamos ouvindo alguma coisa muito importante, alguma coisa que precisávamos aprender. À medida que ele contava a história, ele chorava (ele ainda o faz sempre que a conta de novo). A mensagem que ele passou para nós foi e ainda é *"Mas nunca odeie, o amor é a resposta"*. Sim, houve lágrimas, especialmente quando a injustiça tocou suas crianças – mas nunca houve a derrota.

"Sou saudável, feliz, linda, inteligente, amorosa, amada e sábia,...e você é louco."

Durante minha tenra infância, o trabalho de meu pai continuou a ser focado em levar harmonia racial às bases militares. Como resultado, nós éramos, muitas vezes, uma das poucas famílias negras a morar na base. Meus primeiros anos de escola foram em locais que não eram hospitaleiros a negros. O ambiente da escola elementar no sul dos Estados Unidos nos anos 50 e 60 proporcionava um local de teste particularmente hostil para meus irmãos e eu. Claro que minha família experimentou todas as humilhações com e sem intenção que os americanos negros no Sul tinham que suportar: bebedouros separados; proibição de usar banheiros públicos e ser barrado de entrar para comer em restaurantes. Devido ao fato de sermos uma das poucas famílias negras na base, nós também experimentamos alguns duros desafios pessoais.

Morando em Fort Campbell, Kentucky, éramos chamados "negrinhos" 20, 30 vezes por dia – e não apenas pelas crianças. Quando saíamos para brincar as crianças cruzavam seus braços e cantavam *"tique-taque, a brincadeira é fechada, nenhum negrinho pode brincar"* – era um ritual. Mas muito cedo nossos pais nos prepararam para navegar por esses tempos duros. Todas as manhãs, antes de eu sair para a escola, meu pai me fazia ficar de pé de frente para o espelho do banheiro, olhar para mim e repetir sete vezes **"sou saudável, feliz, bonita, inteligente, amorosa, amada e sábia"**. Eu me lembro de pensar para mim mesma, *"e você é louco"*.

Quando voltava para casa da escola, após ter enfrentado muitos desafios, eu ia reclamar com minha mãe. Minha mãe considera profundamente o valor da responsabilidade pessoal. Ela escutava pacientemente, mas sempre respondia dizendo **"sim, meu bebê, OK querida – agora o que você vai fazer a respeito disso?" "As pessoas tratam as coisas como você as trata – Como você está tratando disso?"** Então, com meu pai me dando uma visão positiva de mim mesma e minha mãe me ensinando o valor da responsabilidade pessoal, eu pude navegar através de obstáculos tremendos.

> *"Fiquei chocada, constrangida e magoada, mas me levantei e comecei a descer as arquibancadas."*

O meu maior momento de definição veio cedo em minha vida; eu estava no 5º ano. Nós estávamos ensaiando a peça escolar da primavera. Todas as turmas do 5º ano se reuniram no ginásio. Eu havia escolhido uma cadeira bem alta nas arquibancadas para que pudesse assistir; para uma garota de dez anos, parecia como se sentar no topo do Coliseu. Eu estava animada com tudo aquilo e lembro-me de ter sentido a esperança de que conseguiria um papel na peça; e eu consegui. A professora estava em pé no chão do ginásio e gritou para mim: *"Michele, este é o seu papel"*. Ela então começou a imitar uma pessoa colhendo algodão enquanto cantava *"O algodão precisa tanto ser colhido, oh, Deus, me ajude a colher algum algodão"*. Ela então apontou para mim e falou: *"Agora desça até aqui e pratique seu papel"*. Fiquei chocada, constrangida e magoada, mas levantei e comecei a descer as arquibancadas. Eu me lembro vividamente de que meus pés estavam pesados; parecia que estavam imersos em concreto. Entretanto, no caminho para baixo, alguma coisa mágica aconteceu. Comecei a repetir mentalmente *"Sou saudável, feliz, bonita, inteligente, amorosa, amada e sábia"*. No momento em que cheguei ao chão do ginásio eu me sentia leve, forte e confiante. Eu havia não somente tocado na visão pessoal positiva de mim mesma que meu pai havia me passado, mas também assumido a responsabilidade pessoal de não fazer aquele papel – um presente de minha mãe. Quando cheguei ao chão do ginásio, eu olhei para minha professora, que, acredito, não estava mal-intencionada. E andei para fora do ginásio, para fora da escola e fui para casa. Lembro-me de estar sentada nos degraus de nossa casa na base militar, esperando meus pais chegarem em casa. Eu me sentia feliz. Era um belíssimo dia de primavera e ainda posso ver os dentes-de-leão amarelos brilhantes que estavam em plena floração no jardim em frente à nossa casa. Era um dos melhores dias de minha vida. Fiquei lá sentada até que meus pais retornassem do trabalho. Não corri para eles com medo, dor ou ansiedade – fui para eles cheia de orgulho. Eu havia tomado a decisão que era plena, justa e saudável para mim. Foi o presente de meus pais do poder da visão e dos valores que havia me guiado.

> *"As tensões aumentaram tanto, os levantes no Panamá irromperam, muitos cidadãos panamenhos e americanos foram mortos."*

Meu pai estava baseado no Panamá durante meus anos de ginásio. Ele foi enviado para lá durante a época em que a guerra no Vietnam aumentava. Soldados americanos eram enviados para nove bases militares localizadas no Panamá para treinamento na selva, e então muitos eram enviados para o Vietnam. Naquela época, meu pai era uma celebridade entre os militares. Ele produzia grandes shows USO e outros programas para manter elevado o moral dos soldados naqueles tempos de guerra. Meus irmãos e eu atuávamos nos shows e em eventos na cidade do Panamá.

Foi uma experiência extraordinária, uma época muito especial na minha vida; era uma pletora de paradoxos. Nossa base ficava a 10 milhas fora da cidade do Panamá; ficava exatamente entre a selva e as faias. Estávamos vivendo em um paraíso magnífico, onde pássaros e animais exóticos eram a regra, e a topografia era de perder o fôlego. Os panamenhos eram graciosos, estimulantes e quentes. Nossa casa estava sempre cheia de artistas, praticando, rindo e celebrando. Além disso tudo, eu estava na minha adolescência e cercada de centenas de jovens e bonitos soldados.

Mas havia o outro lado do paraíso; muitos dos soldados que se tornaram nossos amigos foram embarcados para o Vietnam e alguns foram mortos em poucas semanas. Eu também ficava envergonhada com o comportamento de muitos dos meus compatriotas americanos, que tratavam as pessoas de nossa nação hóspede como se fossem sua propriedade – para serem usadas para seu prazer e entretenimento.

A desigualdade das economias dava aos americanos um senso falso de superioridade e muitos abusaram daquele poder. As tensões aumentaram e se tornaram tão intensas que os levantes no Panamá irromperam; muitos panamenhos e americanos foram mortos. Minha mãe e eu estávamos no centro da cidade quando os levantes começaram. Por sorte, uma família panamenha nos escoltou de volta à zona do Canal (o lado americano), bem no limite do tempo. Nossos valores quanto às pessoas e comunidades eram estendidos a todos e as pessoas podiam sentir aquele amor e respeito. Acredito que pelo fato de vivermos aqueles valores, nossas vidas foram salvas naquele dia.

Meu pai decidiu se reformar da carreira militar após 27 anos, assim o Panamá seria nossa última viagem. Meus pais decidiram que iríamos de carro do Panamá a Detroit, Michigan. Nós, os "garotos", estávamos com 18, 19 e 20 anos, portanto meus pais sabiam que logo as coisas iriam mudar em nossa família. A viagem foi excitante, perigosa, fascinante e divertida. A rodovia internacional acabava a vinte milhas depois do Panamá, assim encontramos nosso caminho para os Estados Unidos pedindo orientação: *"Que van a los Estados Unidos?"* – Qual o caminho para os Estados Unidos? Nós nos encontramos em muitas situações que podiam ser encaradas como perigosas, entretanto tudo que sentíamos era amor, entusiasmo e alegria. Aquela energia deve ter sido transmitida a todos que encontramos pelo caminho, porque todos, em todos os países pelo caminho, nos trataram como família.

> *"Três semanas após chegarmos a Detroit, o inferno explodiu, os levantes raciais de 1967 irromperam."*

Levamos 14 dias para chegarmos a Detroit. O retorno aos Estados Unidos foi um choque de cultura. Foi como se eu tivesse caído no buraco do coelho; nada era familiar, nada era seguro. Três semanas após chegarmos a Detroit, o inferno explodiu – os levantes raciais de 1967 irromperam. Fomos pegos no meio da violência e tivemos que fugir. Eu estava muita confusa. Pensei que meu país estivesse focado na Guerra no Vietnam; para minha surpresa e decepção, havia outra guerra dentro dos Estados Unidos, e estava ocorrendo entre os seus cidadãos.

> *"Martin Luther King foi assassinado, Bob Kennedy foi assassinado; estudantes na Kent State foram mortos pela Guarda Nacional americana, e a Guerra do Vietnam ficou fora de controle."*

Então, meu irmão mais velho foi convocado duas semanas após termos chegado em casa e alguns meses mais tarde ele foi enviado para o Vietnam. Eu fui embora para a faculdade e entrei em um mundo que estava à beira de uma transformação drástica.

Então tudo aconteceu. Os dois anos seguintes foram insanos; Martin Luther King foi assassinado, Bob Kennedy foi assassinado, os estudantes na escola estadual de Kent foram mortos pela Guarda Nacional americana, e a Guerra no Vietnam ficou fora de controle. Aquela foi minha introdução à ação social e ao engajamento cívico. Os estudantes por toda a nação se uniram em protesto. Alguns adotaram a violência, mas a maioria escolheu paz e amor. Minha visão e meus valores me levaram à revolução pela paz. Aquela época, aquela experiência, me ensinou que as pessoas podem lutar juntas, mobilizadas pelo amor e paz e mudar as coisas.

Meus irmãos e eu crescemos e iniciamos nossas próprias vidas, mas trazemos conosco as visões e valores de nossos pais. Seus pontos de vista tocaram profundamente todas as suas crianças. Meu irmão mais velho Teddy contribuiu vinte e cinco anos na direção de um programa de universidade comunitário para estudantes com necessidades especiais. Sua escolha de trabalho não me surpreendeu. Crescendo, Teddy era muito popular por causa de sua personalidade efervescente e incrível senso de humor. Entretanto, ele não escolheu ficar com a multidão popular e em vez disso ele sempre foi amigo e defendeu as pessoas excluídas da "turma". Em festas, ele dançava com as garotas que os outros rapazes ignoravam. Ele defendia os garotos que eram pequenos e frágeis. Não somente ele buscava os excluídos, ele genuinamente valorizava sua amizade e formou relacionamentos fortes e autênticos. Teddy possui o dom de ser capaz de ver o melhor nas pessoas, e uma missão de criar espaços seguros e divertidos, nos quais as pessoas podem ser elas mesmas. As crianças, as melhores e mais rigorosas juízas da sinceridade das pessoas, amam Teddy e sua esposa Janet. Apesar de Teddy e Jan não terem filhos naturais, eles são padrinhos de oito crianças, duas das quais eles criaram.

Bruce, o irmão do meio, desenvolveu cedo um senso forte de independência, baseado no que ele acreditava ser certo e justo. Ele seguiu sem descanso seu coração e criou seu próprio caminho. Mesmo quando era um jovem menino quando seus amigos o encorajava a *"deixar a irmãzinha em casa"*, ele nunca me abandonou. Eu tenho uma gravura mental de Bruce pegando minha mão e gentilmente me acompanhando, apesar da ironia dos garotos. Independentemente da opinião pública, ele sempre criou seu próprio caminho. Bruce não poderia trabalhar para qualquer organização tradicional – ou para qualquer uma, por isso mesmo. Isto o levou e à sua esposa Debbie, a criarem a Detroit Windsor Dance Academy. Desde 1984, mais de 10.000 jovens descobriram a dança e a beleza das artes em sua academia. Esses jovens são oriundos dos mais diversos grupos socioeconômicos. Eles ganharam autoestima, autodisciplina, e se beneficiaram ao fazerem parte de uma comunidade que se importa, que tem compaixão.

Apesar de cada um de nós ter tomado diferentes caminhos na vida, quem somos hoje e como nos relacionamos com os outros é resultado da visão e dos valores que meus pais nos deram – o mais bonito presente que os pais podem dar a uma criança.

Da Liberdade Condicional à Prisão

Vendo o Sistema em Funcionamento

> *"Eu me tornei a primeira de duas oficiais femininas a supervisionar criminosos adultos do sexo masculino em liberdade condicional em Detroit, Michigan."*

Nós baby-boomers acreditávamos que podíamos mudar o mundo; e nós o mudamos bastante. O status quo foi colocado de lado por essa grande onda de fazedores de mudança. Embora fôssemos jovens e muitas vezes tolos, nós entramos em um novo espírito que estava enraizado em valores positivos: amor, paz, humanidade, justiça e inclusão. Sendo a pessoa que eu era (e ainda sou), eu fui muito ativa nesse movimento.

Após minha graduação, me defrontei com a dura realidade de que havia poucos empregos. Nós, os boomers, éramos tantos que inundamos o mercado de trabalho. Levei seis meses para encontrar um emprego. Quando finalmente o encontrei, escolhi um caminho bastante incomum. Tornei-me a primeira de duas oficiais do sexo feminino a supervisionar criminosos do sexo masculino em liberdade condicional, em Detroit, Michigan. Eu pensei que a maneira de fazer uma diferença no mundo era influenciar a vida das pessoas, pessoa a pessoa. Eu ainda acredito que esta é uma das mais poderosas formas de fazer a diferença. Entretanto, eu rapidamente constatei que mesmo que você ofereça esperança, especialização e novas perspectivas para as pessoas, se elas estiverem trancafiadas em sistemas negativos e opressores, é difícil para elas mudarem, crescerem e contribuírem. Então meu objetivo de obter posições de gerenciamento foi motivado pelo meu desejo de estar em uma posição onde eu pudesse mudar sistemas e estruturas. Eu queria ajudar a desmontar os sistemas que limitam o potencial das pessoas, bloqueiam seu espírito e danificam sua autoestima.

Aprendi minha lição sobre tentar modificar os sistemas a partir de fora, cedo em minha carreira. Seis meses após ter sido admitida algo aconteceu que chocou minha consciência. Recebi uma chamada às 2 da madrugada de um homem que eu supervisionava na condicional que havia sido preso. Sempre que um dos rapazes que eu supervisionava era preso, eu tinha por hábito ir à prisão, independente do horário. Era importante para mim entrevistá-los enquanto tudo estava ainda fresco em suas mentes, porque era minha a responsabilidade de recomendar se eles deviam ser mandados para a prisão ou continuar na condicional. Naquela noite em particular eu não segui aquela prática. Eu estava cansada e o homem estava preso no Primeiro Distrito, que era do outro lado da rua em frente ao meu escritório. Eu disse ao prisioneiro que eu iria visitá-lo quando chegasse ao trabalho pela manhã. Aquela decisão teve um custo para ele, e também para mim.

"Em poucas horas, fui convocada para as câmaras de justiça e prontamente despedida por 13 juízes."

Quando cheguei ao distrito, recebi a informação de que meu prisioneiro estava no Detroit Receiving Hospital. Quando falei com ele ao telefone às 2 da madrugada, ele estava nervoso, mas sem ferimentos. Fui para o hospital e o encontrei em condição crítica. Ele me disse que os policiais haviam batido nele. Era uma época em Detroit em que havia uma grande tensão entre o departamento de polícia de Detroit e a comunidade. Detroit possuía uma polícia chamada STRESS (Stop the Robberies, Enjoy Safe Streets = Pare os Assaltos, Aprecie as Ruas Seguras). Ela possuía uma reputação de extrema brutalidade e havia matado 17 civis em quatro anos. Mesmo fazendo eu parte do sistema de manutenção da lei, fiquei indignada e decidi fazer algo a respeito. Durante meu horário de almoço, um colega oficial de condicional e eu desenvolvemos e circulamos uma petição contra o poder abusivo nos quadros policiais. Como vocês podem imaginar, uma negra de vinte e um anos que era uma pioneira nas cortes mereceu uma grande atenção por esta decisão. Em poucas horas, fui convocada às câmaras de justiça e prontamente despedida por 13 juízes.

Eles me despediram com base na Hatch Act, uma lei que proibia funcionários do estado de participarem em ações políticas. Eu era esperta o bastante para saber que minhas ações eram orientadas para a comunidade, não para a política e, assim, decidi lutar contra a decisão deles. Eu fui despedida em uma sexta-feira e estava de volta ao trabalho na segunda-feira seguinte. Mas eu sabia que, tendo estado no foco antes como uma mulher pioneira em uma profissão totalmente masculina, considerando minhas atitudes recentes eu certamente estaria no centro das atenções agora. Meu pai e minha mãe sempre me ensinaram a achar o cordão de prata em qualquer situação adversa. Eu percebi que estava agora em um aquário e qualquer erro que eu cometesse seria altamente visível. Também percebi que no nível de uma análise, eles também poderiam ver minhas habilidades e potencial.

Três anos depois fui promovida para cuidar de uma casa de reabilitação para criminosas e recebi uma notável carta de recomendação de todos os treze juízes. A outra boa notícia era que a Stress Unit foi realmente considerada uma desgraça e foi desmontada.

> *"Como em muitas cidades grandes, os ricos e os pobres moram muito próximos mas em mundos separados."*

Esse novo trabalho trouxe novos desafios. As internas eram muito mais difíceis de supervisionar do que os homens e nós tínhamos bem menos recursos para ajudá-las. A casa de recuperação não possuía orçamento para desenvolvimento de programas; a posição de comando estava vaga há mais de um ano e nós estávamos localizadas em uma das mais perigosas vizinhanças de Detroit. Minha equipe e eu nos reunimos com as detentas e iniciamos um diálogo construtivo sobre o que elas necessitavam para crescer e se desenvolver para se tornarem pessoas construtivas para suas comunidades. Também discutimos como elas poderiam se tornar mães ativas, confiantes, enquanto passavam pela transição da prisão para a liberdade condicional. Descobri que aquelas mulheres desejavam o que todos nós queremos: a habilidade para trabalhar, sustentar suas famílias e serem tratadas com dignidade e respeito.

Como não havia orçamento, nós tínhamos que nos tornar muito inovadores. Como em muitas cidades grandes, os ricos e os pobres moram muito próximos mas em mundos separados. A menos de cinco blocos de distância havia uma vizinhança rica que possuía uma loja no Saks Fifth Avenue. Eu fui a ela e expliquei que tínhamos 50 mulheres necessitando sua ajuda. Eles responderam maravilhosamente. Uma vez por semana, Saks mandava uma cabeleireira e uma manicure para ensiná-las e ajudá-las em sua beleza externa.

Também chamei meus amigos boomers e pedi-lhes que doassem suas competências. Uma amiga era uma conselheira de emprego; ela veio e ensinou procedimentos para a busca de empregos; outra amiga era nutricionista; ela ensinou às senhoras como preparar refeições de baixo custo e nutritivas. O Elliatorian Business Women's Club abrigou piqueniques para as mulheres e suas crianças para que elas pudessem começar a reatar seus laços. Um grupo de uma igreja de Gross Pointe conduziu uma viagem de presentes no Natal, para que as mulheres pudessem dar presentes de Natal para suas crianças.

As mulheres estavam famintas para aprender e crescer. Pelo fato de as tratarmos com dignidade e respeito, elas não apenas floresceram por fora, elas começaram a ter orgulho delas mesmas e de seu trabalho. Nem todas as mulheres obtiveram sucesso. No entanto nos dois anos e meio que lá estive, vi muitas mulheres transformando suas vidas. Também cresci para compreender que independente de onde viemos ou pelo que passamos, os seres humanos possuem muito mais coisas em comum do que diferentes.

Na minha contínua busca para mudar sistemas que eram opressivos e desumanos, passei nove anos no Departamento Correcional de Michigan. Meus últimos dois anos e meio trabalhei como a primeira diretora-adjunta do sexo feminino encarregada de programas de reabilitação em uma prisão masculina. Dirigi o sistema de escola da prisão, os serviços médicos e psicológicos, a recreação e os serviços religiosos. A prisão era nova. Ironicamente convertemos um monastério católico em uma prisão, o que nos deu a oportunidade de contratar um staff totalmente novo. Isso nos deu a oportunidade rara de criar uma visão de que tipo de ambiente queríamos e então contratar pessoas que estivessem alinhadas com aquela visão.

> *"Quanto mais um interno demonstrava responsabilidade, maior a oportunidade que tinha de participar da elaboração dos programas de tratamento."*

A população da prisão era jovem, homens com idades entre 18 e 25 anos. Embora seja um grupo etário altamente volátil, também é uma época em que os jovens possuem muita energia e podem ainda encontrar esperança. Criamos um *"Modelo de Responsabilidade"* altamente participativo. Quanto mais um interno demonstrava responsabilidade, maior a sua oportunidade de participar na elaboração dos programas de tratamento. Recrutamos 169 voluntários da comunidade para aumentar nosso staff de tratamento. Nós os chamávamos de "staff sem pagamentos" e eles passavam pelo mesmo processo rigoroso de entrevistas que o do staff pago. Os resultados foram surpreendentes. Em parceria e colaboração, os detentos, o staff de tratamento e os voluntários da comunidade criaram programas viáveis e estimulantes. Nós tínhamos programas de treinamento – todo detento que precisasse de ajuda extra com seu trabalho escolar era colocado junto com um explicador voluntário da comunidade. Desenvolvemos um teatro criativo na prisão, um robusto programa de arte e um programa de recreação competitivo. O programa de recreação era tão forte que o time de basquete da prisão foi convidado para a liga comunitária fora dos muros. Claro que os times de fora tinham que vir para dentro da prisão para jogarem.

Lembro-me quando estava no processo de entrevistas para um capelão da prisão e uma das equipes de prisioneiros veio para mim com uma proposta. Eles me convenceram que fazia mais sentido investir os $28 mil dólares que eu teria que pagar de salário para um capelão em programas que iriam apoiar as diversas necessidades espirituais dos internos. Eles trouxeram a ideia de solicitar voluntários da comunidade para realizarem os serviços religiosos. Isso resultou em termos todas as denominações religiosas em sistema de rotação, prestando os serviços e dando aconselhamento 24 horas por dia.

> *"Esses DreamMakers não vieram de famílias fortes, saudáveis e bem nutridas como a minha. Mais frequentemente, eles se originavam de ambientes que eram verdadeiros pesadelos."*

As pessoas estavam ocupadas, aprendendo, crescendo e contribuindo. Eu encontrei DreamMakers neste local mais improvável, uma prisão. Esses DreamMakers não vinham de famílias fortes, saudáveis e bem nutridas como a minha. Mais frequentemente, eles se originavam de ambientes que eram verdadeiros pesadelos. Mas quando tinham a oportunidade de se mobilizarem em torno de uma visão compartilhada que importava a eles e quando eram convidados a participarem na transformação daquela visão em realidade – eles se tornavam DreamMakers.

Uma Empresa Revolucionária: Participação

Colaboração & Mudança

Após servir por quase nove anos no Departamento Correcional de Michigan, eu estava exausta, então tomei a difícil decisão de sair. Meu escritório estava localizado dentro da população prisional, entre a lanchonete e o quintal. Enquanto isso provou ser uma grande vantagem para ganhar a confiança dos detentos, foi esgotando meu espírito.

Todos os dias eu precisava atravessar várias camadas de portões para entrar, então, em algum nível, eu me sentia "cumprindo sentença". Testemunhei os abusos físicos e verbais que os prisioneiros submetiam uns aos outros. Mais perturbador, eu testemunhava os abusos que o pessoal da custódia impunha aos prisioneiros. Todos os dias trabalhávamos para criarmos programas saudáveis e fortes para ajudarmos os detentos a conquistarem novas habilidades e perspectivas, e construir sua autoestima.

Mas, tristemente, havia um grupo do pessoal de segurança que trabalhava tanto quanto nós para quebrá-los.

Também vi muitos dos meus companheiros funcionários públicos que pareciam estar contando o tempo, esperando sua aposentadoria. Era tempo de sair.

> *"Encontrei uma empresa extraordinária, que era liderada por uma visão e orientada por valores; Herman Miller era meu Camelot!"*

Decidi dar uma chance ao setor privado. Como sou uma baby-boomer eu era muito cética quanto a empresas. Eu acreditava que todas as empresas auferiam lucros à custa das pessoas, famílias e comunidades; e que elas não davam qualquer importância ao meio ambiente. No meu processo de busca eu tive muito cuidado e pensei muito sobre o tipo de organização para a qual eu estava desejosa de contribuir com minha energia e meus talentos. Eu não estava desejando comprometer meus valores fundamentais. Encontrei uma empresa extraordinária que era liderada por uma visão e baseada em valores. Herman Miller era meu Camelot! Ironicamente, o lugar onde eu vi um dos maiores exemplos do poder coletivo de mobilizar uma comunidade de pessoas em torno de uma visão compartilhada e valores comuns: era uma empresa global de móveis para escritório, pertencente à lista da *Fortune 500*, com ações negociadas em bolsa.

Eu estava fascinada pela Herman Miller por causa de seu pessoal. Meus graus universitários eram em Sociologia, então uma parte importante de minha pesquisa de empresas sempre inclui conversar com pessoas que trabalham lá. Os olhos das pessoas com quem conversei na Herman Miller brilhavam quando falavam sobre a empresa. Elas raramente falavam sobre seu título ou sua posição. Elas falavam sobre *"minha empresa"* como eu falo sobre a minha família – com orgulho, honra e amor. Lembro-me do dia que decidi trabalhar para a Herman Miller; era minha oitava entrevista. Fui levada a um tour para uma de suas fábricas e vi flores naturais nas áreas de descanso, e o chão estava tão limpo que brilhava. Todos conversavam pelo primeiro nome com o guia do meu tour e me cumprimentavam com sorrisos de boas-vindas e acenos – a energia positiva estava no ar. Como uma oficial de condicional em Detroit, eu havia visitado muitas fábricas e testemunhei seu aspecto monótono. Vi desespero e ira nos olhares dos operários. Não havia alegria nos lugares que eu tinha visitado, então eu tinha muitas suspeitas sobre a "fábrica-modelo" da Herman Miller e pensei que ela devia ser um showroom para os visitantes.

No meu caminho de volta para a sala de entrevistas, eu entrei em um auditório onde uma reunião havia apenas terminado e observei um membro do staff de manutenção trabalhando. Ela não estava apenas colocando as cadeiras novamente no lugar, ela estava meticulosa e cuidadosamente cuidando para que as pernas das cadeiras estivessem alinhadas perfeitamente! Lembro-me de perguntar a mim mesma: *Que tipo de cultura e ambiente cria esse tipo de consciência de proprietária em alguém que está na parte inferior da folha de pagamento?"* Aquilo fechou o negócio! Eu queria trabalhar lá! Aceitei um cargo de nível de entrada, ganhando bem menos do que no meu trabalho na prisão. Também recusei três ofertas melhores de outras empresas. Até desisti de meu papel de liderança e gerência para me unir a essa empresa pouco usual – basicamente, comecei de novo.

> *"Ela me ensinou que as empresas podem ser bem-sucedidas e éticas; elas podem fazer o bem e fazer bem feito."*

Trabalhei na Herman Miller por 13 anos. Foi uma poderosa experiência de aprendizado. Ela me ensinou que as empresas *podem* ser bem-sucedidas e éticas; elas podem fazer o bem e fazer bem feito. Herman Miller também confirmou minha crença de que as pessoas em todos os lugares são extraordinárias e capazes de conseguir coisas extraordinárias. Também solidificou minha crença de que mobilizar as pessoas em torno de uma visão compartilhada envolvente que esteja profundamente enraizada em valores compartilhados e decisões e ações alinhadas para servirem as visões e aos valores produz resultados surpreendentes. Herman Miller tinha uma reputação internacional por qualidade e design. Também possuía uma reputação internacional por gerenciamento participativo, conhecida pela participação de empregados e trabalho em equipe. Max De Pree, praticou uma rara e maravilhosa forma de liderança que criou uma organização saudável e sustentável – um lugar merecedor do comprometimento, da participação e do respeito das pessoas.

Eu lembro quando encontrei Max pela primeira vez. Foi na véspera do Dia de Ação de Graças e todos se encontraram em uma área aberta de uma das fábricas. Os vice-presidentes ficavam próximos aos operários da fábrica, contadores próximos dos copeiros. Todos estavam lá para celebrar o Dia de Ação de Graças juntos. Max foi ao púlpito e ao invés de ler algum discurso padrão, falou com seu coração. Ele nos falou sobre pessoas, famílias e comunidades. Ele usou palavras como amor e confiança. Ele nos desafiou a buscarmos o melhor de nós mesmos. Eu sempre havia me sentido pressionada a compartimentar a mim mesma no trabalho. Eu pensava que o local de trabalho, especialmente no setor privado, seria um local difícil para expressar meus valores. Eu fiquei aturdida ao ouvir o CEO e Chairman do Conselho nos dizer que era legítimo e desejável que trouxéssemos nosso "eu" integral ao trabalho. Eu ouvi Max falar sobre "amor", "beleza" e "confiança". Eu sabia, a um nível profundo, que estava no local correto.

"Estou agendando um aborto para você com um colega meu, não posso fazê-lo porque sou católico."

Enquanto na Herman Miller, tive um momento de definição que mudou minha vida. No meu segundo ano lá, descobri que tinha cinco tumores fibróides no meu útero que estavam crescendo a uma taxa alarmante. Fui aconselhada pelo meu médico a fazer uma histerectomia. Na minha última consulta antes da cirurgia, meu médico me informou que eu estava grávida e certamente morreria se prosseguisse com a gravidez. Sem qualquer conversa, ou mesmo uma pausa, ele pegou o telefone e começou a falar com alguém. Ele olhou para mim e disse: *"Estou agendando um aborto para você com um colega meu, não posso fazê-lo porque sou católico"*. Enquanto ele falava, eu me levantei e saí. Enquanto dirigia para casa, fiz uma introspecção – parecida com a que havia feito muitos anos atrás no ginásio durante a peça do quinto ano. Eu me vi trazendo meu bebê para casa e ouvi meu coração. Experimentei calma e percebi que tudo estaria bem. O compromisso com essa visão mudou minha vida para sempre.

Durante minha gravidez muito difícil, eu soube de uma abertura de um cargo que reportaria diretamente a Max De Pree, CEO e Chairman. A posição, Diretor de Relações Corporativas, era responsável pelas relações com o governo, a mídia, a comunidade e os acionistas. Era a oportunidade que eu estava esperando; uma chance para mostrar as competências de liderança e gerência que eu havia obtido no Departamento Correcional de Michigan. Eu estava grávida de 8 meses quando me candidatei (você podia fazer isso na Herman Miller). No dia da minha entrevista, eu fui ao médico e descobri que havia desenvolvido toxemia – outra séria ameaça para a minha saúde e a do meu bebê. Meu médico imediatamente me internou no hospital. Quando cheguei ao meu quarto, chamei Max para lhe informar que eu estava retirando minha candidatura para o cargo. Quando eu expliquei a ele a situação, Max disse: *"Você está em trabalho de parto?"* Eu disse **"não"**, e ele então perguntou: *"Você está com alguma dor?"* Eu disse **"não"** e, para minha surpresa, ele disse: *"Vamos fazer a entrevista"*. Eu consegui a posição.

Também tive meu bebê! Encontrei Dr. Derrick Lenters do Holland Michigan, que teve a coragem de permanecer comigo quando todos os outros médicos que eu contactei haviam recusado. Contra todas as chances, essa parceria abastecida pela visão e pelo comprometimento permitiu que minha filha encontrasse seu caminho para esse mundo. Mais uma vez, confiando no poder de minha visão e de meus valores, uma lição que meus pais me ensinaram, recebi o maior presente de minha vida – minha filha Nicole.

Max vem de uma comunidade que acredita fortemente nos valores tradicionais da família, entretanto ele respeitou minha decisão de perseguir uma função enquanto em licença-maternidade sabendo que eu teria um bebê e um trabalho que iria exigir viagens. Eu sei que foi difícil para o Max segurar as tensões, como também foi para mim. Após três meses de licença-maternidade eu comecei na minha nova função. Cedo, aprendi uma lição muito valiosa: com grandes oportunidades vêm grandes desafios. Após algumas semanas de ter iniciado na nova função, Max me pediu para ir a Washington para derrotar uma proposta de lei federal que tinha uma boa *chance* de ser aprovada pelo Senado dos Estados Unidos. A proposta, o Ato do Acordo do Negociante de Varejo, teria dado um direito de exclusividade de cem milhas para os distribuidores independentes da Herman Miller. Isso teria nos limitado a um distribuidor por cidade grande e danificaria nossa capacidade distributiva. Chocada e com medo, perguntei a ele se estava falando sério – ele respondeu *"eu a contratei porque tenho uma grande expectativa a seu respeito e tenho confiança em suas habilidades – vá e mate o projeto".*

Dois anos depois, galvanizando o apoio de múltiplos constituintes, nós derrotamos o projeto. Meu sucesso foi devido, em grande parte, às expectativas elevadas de Max e à sua crença em minhas capacidades. Também foi por Max ter aceitado minha decisão e comprometimento para o meu trabalho e também para o meu bebê, e eu havia aceitado total responsabilidade por aquela decisão. Ao fazer isso, criamos uma situação de vitória ou vitória. Herman Miller venceu, eu também venço. Nicole me trouxe uma grande alegria e amor. Ela é minha professora e melhor amiga. Considerando quem ela se tornou hoje, é visível que Nicole também venceu.

> *"As pessoas não deveriam ser consideradas Recursos Humanos. Dinheiro, imóveis e equipamento são recursos – as pessoas são o coração e a alma desta empresa."*

Dois anos mais tarde, Max me pediu para servir na posição de Vice-presidente Corporativa *para* as Pessoas, responsável pelo "RH" global, Desenvolvimento de Liderança, Qualidade e Comunicações. Eu estava maravilhada por me tornar uma executiva da empresa; entretanto, eu não me sentia confortável com o título. Eu o considerava frívolo e um pouco sentimental. Quando expressei minhas preocupações, Max me disse: *"As pessoas não deveriam ser consideradas Recursos Humanos. Dinheiro, imóveis e equipamento são recursos – as pessoas são o coração e a alma da empresa"*. Ele também me disse que eu *não* era a Vice-Presidente *para* as Pessoas, mas que: *"Você está no estado de se tornar Vice-Presidente para as Pessoas"*. Levou anos para eu compreender o significado profundo e a tremenda responsabilidade inferida por aquele título. Era uma honra servir naquela capacidade. Minha curva de aprendizagem era íngreme; entretanto, eu tinha uma abundância de professores. Não apenas o Max me orientaria com seu "amor durão", seu pai, D. J. Pree, fundador da empresa estava com 90 anos e ainda ia ao escritório diversas vezes por semana. Eu estava muito satisfeita por seu escritório ser perto do meu. Ele me lembraria que meu bebê recém-nascido era minha prioridade. Ele me contou histórias sobre como pessoas especiais haviam influenciado seus valores e sua filosofia de liderança. Eu observava Max honrar o legado de seu pai. Max não apenas se tornou um gestor responsável; ele continuou a crescer e aprofundar aquele belo legado.

"Nada fracassa como o sucesso."

Eu estava na minha nova posição há um ano quando a empresa entrou em dificuldades. Nós olhamos em torno e havia mais de 300 empresas globais em nosso mercado, fazendo nossos produtos melhores, mais rapidamente e mais barato. Isso estava ameaçando mais de 25 anos de crescimento contínuo e mais de 60 anos de sucesso. Herman Miller era considerada a melhor em sua categoria. Nós éramos inigualáveis em design, inovação e qualidade e em desempenho financeiro sustentável. Nossos produtos estavam na coleção permanente do Louvre, do MOMA; havíamos conquistado uma reputação global pela qualidade e excelência.

Aprendemos da maneira mais dura que nada fracassa como o sucesso. Nós havíamos nos tornado confortáveis, complacentes, e até desenvolvemos um toque de arrogância – um local muito perigoso para permanecer. Consideramos nosso sucesso como natural e nos tornamos isolados e distantes das mudanças que haviam ocorrido em nossos mercados e no mundo à nossa volta. Perdemos o contato com nossos clientes; a força de trabalho em mutação, as mudanças no meio ambiente. E o mais danoso, saímos de nossa missão. Havíamos crescido com tanta velocidade que não estávamos comunicando uma direção clara, uma visão aos nossos funcionários e não estávamos passando os valores da empresa.

Quando éramos pequenos, nós éramos íntimos e podíamos passar a visão e os valores quase sempre através de histórias e relacionamento. Agora nós éramos grandes e complexos e não nos havíamos adaptado com rapidez suficiente – havíamos perdido nossa direção.

Max quis uma renovação total da empresa. Ele encarregou cinco de nós da equipe sênior de liderança para coordenar a renovação e fez dessa iniciativa nossa maior prioridade. Essas eram as pessoas com os grandes trabalhos; o SVP de Produção, o SVP de Vendas, o SVP de Pesquisa e Desenvolvimento, o CFO e eu, a VP Corporativa para Pessoas. Mas nos pediu para passar o tempo refletindo sobre uma pergunta importante: *"O que você acredita que esta empresa deve se tornar – Nossa visão para Herman Miller?"*

Nós nos trancamos por dois dias e voltamos com uma visão. Orgulhosamente levamos nossa visão para Max. Em sua sabedoria, ele sabia que nossa visão não era suficiente. Nossa visão incluía participação no mercado, lucratividade, o lucro por ação...mas não era o tipo de visão que faria as pessoas levantar pela manhã. Ela não as energizaria para que contribuíssem com o melhor de seus corações, mentes e imaginação para tornar a visão uma realidade. Então, Max nos pediu para desenvolvermos um processo para envolver todas as pessoas de nível de gerência em todo o mundo no desenvolvimento dessa missão.

A visão se tornou melhor. Entretanto, quando levamos o processo de visão para *todas* as equipes na empresa, envolvendo todas as pessoas, a visão se tornou viva. Ela ficou mais rica, mais profunda e melhor em todos os níveis. As pessoas por toda a organização estavam mais próximas dos clientes; elas estavam mais próximas do trabalho – produziam e vendiam os produtos; dirigiam a infraestrutura e faziam o trabalho. Mais importante, seu envolvimento criou uma elevada sensação de propriedade da visão. Aquela propriedade engendrou o compromisso, a energia e o entusiasmo. A equipe de liderança ouviu todas as ideias e produziu uma visão: *Ser um ponto de referência de excelência.* As pessoas desejavam que a empresa retornasse a uma posição de liderança, não apenas em termos financeiros (apesar de o crescimento ser essencial); a ênfase era na qualidade, excelência e inovação. Nós acreditávamos que nosso desempenho financeiro seria o resultado de nossos esforços coletivos.

> *"Sem um propósito moral, a competência não é mensurável e a confiança não tem uma meta. Esse pensamento definido me fornece uma forma de pensar sobre o local do propósito moral em nossa organização."*
> Max De Pree, *Former CEO & Chairman, Herman Miller, Inc.*

Max não estava satisfeito. Ele acreditava que uma visão, não importando quão convincente, não era suficiente para mobilizar corações, mentes e imaginação das pessoas. Ele acreditava que precisávamos de um propósito moral. *"Sem um propósito moral, a competência não é mensurável e a confiança não tem uma meta. Esse pensamento definido me fornece uma forma de pensar sobre o local do propósito moral em nossa organização."* Um propósito moral é definido por valores. Max nos perguntou: *"Que valores precisamos abraçar em nossa organização para nos tornarmos Um Ponto de Referência para a Excelência?"* Nós repetimos o processo participativo, envolvendo todas as pessoas através de suas equipes de trabalho para identificar nossos valores. Com a ajuda das pessoas nós compilamos sete valores-chave que serviriam para moldar nossa cultura e guiar nossas decisões e comportamentos. Também envolvemos todos em diálogos na empresa para nos assegurarmos de que tínhamos um *acordo compartilhado* quanto à interpretação daqueles sete valores. Nossos valores fundamentais eram:

Visão Focada no Cliente: Colocar o cliente no centro da nossa visão.

Participação e Trabalho em Equipe: Reconhecer o talento individual e coletivo das pessoas. As pessoas têm o direito e a responsabilidade de contribuir com seus dons para alcançarem a visão, as metas do negócio dentro dos limites de nossos valores.

Propriedade: Tratar os funcionários como proprietários emocional e financeiramente. Ofereça-lhes ações e permita que todos sejam responsáveis e responsabilizados pelas decisões que afetam seu trabalho. Funcionários-proprietários tinham o direito de participar do risco e da recompensa do negócio.

Valorização da Individualidade: Incentivar as pessoas a trazerem seu eu completo para o trabalho e contribuírem com sua individualidade para auxiliarem a alcançar as metas da empresa. Valorize as diferenças e celebre a riqueza da diversidade.

Responsabilidade Social, Familiar e Ambiental: O trabalho, a família e a comunidade estão inextricavelmente conectados. Nossas decisões gerenciais deveriam buscar soluções inovadoras que apoiem esses importantes interessados.

Torne-se uma Organização que Aprende: Invista no desenvolvimento dos funcionários, dos líderes e das equipes. A aprendizagem continuada era um compromisso compartilhado.

Solidez Financeira: É essencial, apesar de não ser a única meta de nosso trabalho. É o resultado de nosso compromisso com nossa missão, visão, valores e metas e nossos esforços coletivos.

A equipe de liderança olhou para a visão e para os valores que as pessoas da Herman Miller haviam recomendado. Isso nos levou a lutarmos com algumas questões muito sérias: *Será possível alcançar essas visões e valores? São eles apropriados para uma empresa de capital aberto? À luz de nossos desafios econômicos, temos tempo e dinheiro para fazer isso?* Concluímos que precisávamos. Tínhamos que reunir a coragem para renovar e transformar a empresa e precisávamos da ajuda de todos para chegar lá. Desenvolvemos um processo de mudança em toda a empresa muito disciplinado e o chamamos *"Renovação"*.

"Após apenas dezoito meses nós testemunhamos resultados fenomenais."

Administração participativa e propriedade eram um princípio muito importante. Estavam no coração do processo. Herman Miller havia valorizado e praticado a participação dos funcionários desde 1950; isso havia contribuído bastante para o sucesso da empresa no passado. Entretanto, à medida que nos tornamos maiores e mais complexos, deixamos de renovar constantemente os sistemas, processos e medidas necessários para sustentar um ambiente de efetiva administração participativa. Mais importante, estávamos nos afastando dos valores fundamentais que sustentavam a empresa.

Após apenas dezoito meses, nós testemunhamos resultados fenomenais:

- *A empresa mais admirada, segundo a Fortune Magazine.*
- *Uma das 10 melhores empresas para se trabalhar, segundo a Fortune Magazine.*
- *Melhor empresa para as mulheres.*
- *Melhor empresa para as mães que trabalham.*
- *Melhores produtos, segundo a Business Week.*
- *Empresa mais bem administrada no mundo, segundo a Bertelsmann Foundation.*
- *Aumento de vendas de 20% em um ano. Retornamos ao crescimento de dois dígitos.*
- *Tivemos 2 desdobramentos de estoque nos 3 anos seguintes.*

Numerosos prêmios ambientais, incluindo: a citação presidencial na Casa Branca por administração voltada para o meio ambiente, menção do Presidente e da revista *Fortune* como sendo uma das 10 empresas mais responsáveis em relação ao meio ambiente no país.

O mais importante, mais poderoso, é que a energia e o entusiasmo na empresa eram palpáveis. As pessoas estavam usando seus corações, suas mentes e sua imaginação para repensarem, renovarem e recriarem a empresa.

Agora nossa visão e valores pareciam com outros que são vistos nos escritórios principais das empresas, em relatórios anuais e em brochuras de marketing, mas a diferença era o processo que nos levou até lá. Nós envolvemos a todos no desenvolvimento da visão e dos valores da empresa e então Max teve a coragem de liberar as pessoas na organização para fazerem mudanças. Pedimos aos funcionários que trabalhassem em equipes multifuncionais, com múltiplos níveis, e que nos ajudassem a mudar e a alinhar tudo para servir à nossa nova visão, valores e metas de negócio. Também encorajamos a todos a identificarem qualquer coisa que fosse necessário mudar através de um poderoso processo de sugestões. Esse processo permitia que pessoas e equipes fizessem mudanças sem passar por toda a intrincada hierarquia. Nós nos movemos de uma organização onde "qualidade" era uma função chamada "controle de qualidade" para uma cultura corporativa onde "qualidade" se tornou uma mentalidade que era o padrão adotado por todos nós. As pessoas levavam a visão e os valores muito a sério. Elas usaram suas mentes, corações e imaginação para concretizarem a visão. Elas estavam determinadas a se tornarem *"Um Ponto de Referência de Excelência"*. A energia e o entusiasmo eram palpáveis. A busca da excelência pelos funcionários era implacável. Eles traziam ideias altamente inovadoras e criaram resultados surpreendentes por toda a empresa. Com efeito, criamos um movimento.

> *"Um movimento é um estado mental coletivo, uma compreensão pública e comum de que o futuro pode ser criado, não apenas experimentado ou suportado."*
>
> Max De Pree

Participação, Trabalho em Equipe & Propriedade

Vários meses no processo de renovação, a mudança estava ocorrendo em toda parte. As pessoas e as equipes se sentiam liberadas para alinharem seu trabalho com suas visões e valores. Isso era um pouco assustador porque elas não estavam pedindo permissão e muitos na liderança se sentiam como se estivessem perdendo o controle – eu era um desses líderes. Um dia eu estava lendo um jornal de circulação nacional onde nós colocávamos regularmente nossos anúncios de oferta de emprego e fui surpreendida quando li vários títulos muito incomuns para esse tipo de anúncio. Eles diziam:

"Meu CEO acredita que a Confiança começa no topo – e o seu?"

"Será que o Chairman do Conselho da sua empresa acredita que os líderes não infligem dor, eles as suportam? O nosso acredita".

"Nossa meta é ser um lugar de potencial realizado".

Fiquei surpresa de início. Eu era a VP corporativa para as Pessoas, responsável pelo "RH" e não havia autorizado "meus" recrutadores a mudarem nossos anúncios – rapidamente eu percebi que não precisava. Um conceito poderoso estava em jogo, os recrutadores estavam servindo à visão e aos valores comuns da empresa; eles não estavam lá para servirem a mim. Eu havia aprendido uma lição muito importante: a liderança é uma função, não um status. Meu papel era o de criar um ambiente que propiciasse aos funcionários o alinhamento das políticas, práticas, comportamentos e resultados da organização com a visão e os valores da empresa e ajudá-los a alcançar a excelência.

Este movimento estava vivo, com pessoas e equipes assumindo a propriedade para fazerem as coisas acontecerem nas fábricas. Nós havíamos vencido a licitação para fazer as cadeiras para o novo escritório da American Airlines em Dallas. Uma equipe de nossa fábrica, quando descarregava as cadeiras no endereço em Dallas, descobriu que a embalagem havia criado reentrâncias nas costas das mesmas. Era uma sexta-feira e a American Airlines ia fazer a inauguração do escritório na segunda-feira seguinte. A equipe decidiu assumir a propriedade e lixou manualmente as reentrâncias, eliminando-as ao longo do final de semana. Tenho certeza de que eles violaram várias leis das relações de trabalho, mas eles nem cobraram horas extras. A Administração não sabia que eles haviam feito isso, até várias semanas mais tarde, quando Max recebeu uma carta da empresa. Vejam, a equipe havia atraído a atenção das pessoas na American Airlines que estavam lá no final de semana preparando a festa de inauguração. A equipe da Herman Miller também deixou uma carta assinada por todos os seus membros que dizia: *"Tenham uma maravilhosa festa de inauguração. Obrigado por ser um cliente da Herman Miller"*. Aquela carta chegou ao CEO da American Airlines, que, por sua vez, a enviou a Max De Pree. Nós compartilhamos essa história pela empresa. Essa equipe também nos inspirou a criar o Prêmio para Equipes Extraordinárias, e, claro, a equipe de Dallas foi a primeira a recebê-lo.

"O que você faz fala tão algo que não consigo escutar o que você diz."

Estávamos há cerca de nove meses no processo Renovação quando Max organizou um encontro da empresa com 1.000 funcionários de todo o mundo. A proposta era a de avaliar nosso progresso, compartilhar nossas lições aprendidas e recarregar nossa energia coletiva. Quase ao final do encontro, Max fez uma palestra elogiando todo o trabalho duro e as realizações. Quando concluiu seu discurso, ele perguntou se alguém tinha alguma pergunta e um jovem no fundo da sala levantou sua mão, identificou-se como sendo um trabalhador de uma de nossas fábricas e disse: *"Max, a cultura participativa que você descreve não é a que eu experimento no meu local de trabalho"*. Nós ficamos atordoados por ele ter tido a iniciativa de levantar tal objeção nessa reunião aberta. Max então explicou que estávamos em um processo de nos tornarmos um ambiente participativo e que demandava tempo mudar uma cultura. Essa resposta não satisfez o jovem. Ele então perguntou: *"Por que você continua promovendo pessoas para posições de liderança que não praticam a administração participativa?"* Em seguida ele disse algo que ainda ressoa poderosamente em mim até hoje: *"O que você faz fala tão alto que nós não conseguimos ouvir o que você fala"*. Ao término da reunião o que sobrou para nós foi uma sensação desconfortável. Retornamos aos nossos negócios como sempre, mas as pessoas daquela fábrica não nos liberariam.

Diversas semanas depois da reunião da empresa nós recebemos uma carta assinada pela maioria dos funcionários daquela fábrica, solicitando a oportunidade de trabalhar em um ambiente participativo. Isso era um presente; encontramos a coragem de reconhecer nosso erro. Nós não havíamos colocado a gerência daquela unidade responsável por viver os valores. Eu me lembro de me sentir envergonhada. Nós não estávamos *"praticando nossa conversa"* e todos na empresa sabiam disso. As consequências de se ignorar essa situação poderiam ter sido sérias. Nós fizemos uma reunião de liderança e decidimos fazer a coisa certa. Foi uma experiência liberadora para nós. Graças a um jovem corajoso que teve iniciativa de dar um passo à frente e disse a verdade, aprendemos algumas lições valiosas: quanto mais alto você vai, menos você sabe. Assim ouça aquelas pessoas mais próximas ao trabalho, aos clientes e à cultura. Aprendemos a valorizar o que Max chamava de os *"líderes caminhantes"* – pessoas que assumem papéis de liderança quando a situação assim o exige, independentemente de seu nível ou status. Acima de tudo o mais, aprendemos que o comportamento da liderança e as decisões precisam sempre estar alinhados com a visão e os valores da organização para receber a confiança das pessoas. É impossível criar uma cultura de desempenho elevado que esteja perseguindo a excelência se os líderes não estão alinhados.

Responsabilidade Familiar, Social e Ambiental

A responsabilidade familiar, social e ambiental era o mais revolucionário desses valores, especialmente para uma empresa com ações negociadas publicamente na bolsa de valores. Eu tinha certeza de que esses valores causariam os debates mais acirrados e as mais difíceis decisões dentro da equipe de liderança. Eu estava errada. A equipe estava muito engajada e orgulhosa de seu conjunto de valores. Esses valores nos ajudaram a perceber a conexão inextricável entre a empresa e as pessoas, famílias, comunidades e o meio ambiente. Tomamos decisões radicais e corajosas para alinhar nossas políticas, práticas e comportamentos com esses importantes valores.

Lembro-me de que, em uma ocasião, estávamos revisando nossos líderes com elevado potencial e decidimos que era hora de promover um dos melhores e mais brilhantes da empresa. Vicky tinha um histórico comprovado de sucesso e todos tinham o maior respeito por suas qualidades de liderança; ela exemplificava os valores da empresa. Essa era uma decisão fácil. Quando nos aproximamos dela oferecendo-lhe uma posição de vice-presidente, ela recusou. Vicky havia tido recentemente seu segundo filho e decidiu que, com duas crianças abaixo de três anos de idade, ela necessitava trabalhar em tempo parcial. Nós compreendemos, mas ficamos desapontados. Eu me lembro do diálogo de liderança que se seguiu. Phil Mercerella, nosso SVP de Vendas e Marketing, veio com uma solução vencer/vencer/vencer. A Herman Miller fazia designs inovadores de mobília para escritório e ainda assim muitos clientes estavam comprando nossos produtos para suas casas. Havíamos conversado por meses sobre criar uma divisão que vendesse nossos produtos para uso em residências. Phil sugeriu que promovêssemos a Gerente Geral (Vicky) para liderar a Herman Miller para o setor residencial e satisfizéssemos seu desejo de trabalhar em tempo parcial.

Vicky e sua equipe fizeram muitos encontros em sua casa, o que permitiu que ela não se afastasse muito de suas crianças. Isso também permitiu à equipe o desenvolvimento de estratégias para produtos e serviços dentro de um ambiente autenticamente residencial. Isso deu a eles uma tremenda vantagem. Eles desenvolveram os produtos e serviços com sucesso, superando nossas expectativas em custo, tempo e qualidade. Quando perguntei a Vicky anos depois como se sentia sendo uma Gerente Geral em tempo parcial responsável pelo lançamento de uma nova subsidiária, ela disse que era uma experiência maravilhosa. Sua vida estava muito integrada. Ela não tinha que compartimentar ou se dividir entre a família e o trabalho.

> *"Minhas crianças costumavam pensar que todas as famílias visitavam lojas de móveis quando saíam de férias – era apenas a minha vida."*
>
> Vicky Tenhagen

Eu experimentei de uma maneira muito pessoal o compromisso da Herman Miller com a família quando senti que devia sair da empresa e me mudar com minha filha para Chicago. Após minha filha ter nascido, eu pensei que podia ser uma supermulher, que podia cuidar de tudo. Mas as coisas se tornaram complicadas após o meu divórcio. Passei por quatro babás em seis semanas. A primeira babá estava levando minha filha a seus clientes de vendas porta a porta. Vendendo cosméticos Avon. A segunda e a terceira babás estavam mais interessadas em entreterem seus namorados do que atenderem à minha filha. Mesmo durante aqueles tempos complicados, eu fui capaz de "segurar tudo".

Na Herman Miller não era incomum para Nicole passar o dia brincando no meu escritório. Minha assistente, Donna Kowe, amava-a como um membro da família e meus colegas no escritório eram sua família aumentada. Mesmo como uma mãe sozinha, parecia que eu era capaz de ser uma boa mãe e ter uma carreira de sucesso.

"Negros pertencem à traseira do ônibus."
"Não permitido a negros."

Um dia, tudo aquilo mudou; acordei para uma nova realidade. Vi todas as minhas decisões sobre minha criança, meu emprego e meu lar como decisões erradas. Minha principal responsabilidade na vida era proteger e nutrir minha filha e criar um ambiente para ela aprender, crescer e se desenvolver. Esse dia, esse evento definidor, mostrou-me que eu estava falhando no trabalho mais importante da minha vida. Nicole estava no primeiro ano. Eu a estava levando, caminhando, para seu ônibus escolar e ela parou abruptamente. Surpresa, eu me virei e vi um ar de tristeza e medo nos seus olhos, uma expressão que eu nunca havia visto em seu rosto. Ela me disse: *"Mãe, eu não quero pegar o ônibus"*. Perguntei-lhe por que e ela disse: *"Os garotos são maus para mim"*. Nicole era uma garota muito sociável e amava passear no ônibus escolar com as outras crianças. Ela também possuía uma personalidade forte, mesmo com a idade de seis anos, então eu fiquei muito surpresa. Ela continuou falando que todas as crianças diziam que ela devia se sentar no último banco do ônibus. Eu estava confusa porque essas eram ótimas crianças que Nicole havia conhecido em toda a sua vida. Ela então disse algo que quase me arrasou. Ela me disse que havia duas pinturas no hall em frente ao escritório do diretor – uma com um ônibus cheio de crianças, com as negras sentando atrás e uma legenda dizendo **"Os negros pertencem à traseira do ônibus"**. A outra pintura era uma lanchonete amarela com um aviso na porta: **"Não permitido a negros"**. Em um estado de descrença levei Nicole para a escola, andei para o hall fora do escritório do Diretor, e lá estavam elas, as duas gravuras, exatamente como Nicole havia descrito.

Meu mundo virou de cabeça para baixo naquele momento. Memórias de minha infância morando em Kentucky voltaram para mim. Éramos a única família negra morando em uma pequena cidade no oeste de Michigan, mas eu pensava que os dias nos quais esse comportamento era aceitável eram coisa do passado distante. Não havia maneira pela qual eu ia permitir que minha filha sofresse essa dor e humilhação. Fui trabalhar naquele dia e pedi demissão do emprego. Disse aos meus colegas e ao presidente da empresa o que havia acontecido e que eu tinha que levar minha filha para um ambiente mais diversificado e inclusivo. Algumas semanas depois, fomos morar em Chicago. A Herman Miller havia encontrado uma solução vencer/vencer para que eu mantivesse meu emprego e fosse morar lá.

Mantive minhas responsabilidades e recebi uma tarefa especial de ajudar a empresa a desenvolver fornecedores para as minorias. Isso me permitiu trabalhar a partir de Chicago e viajar para o escritório central para as reuniões. Minha equipe se adiantava e me cobria quando eu não podia estar lá e alguns foram promovidos por terem assumido maiores responsabilidades de liderança. Foi uma solução vitoriosa para todos nós.

Responsabilidade Ambiental

"Diversos meses após termos criado um ambiente livre de fumo, recebi um telefonema do presidente de uma das maiores companhias de cigarro."

As opções que fizemos sobre sermos responsáveis em relação ao ambiente foram radicais naquela época. Herman Miller foi uma das primeiras empresas no mundo a implementar uma política livre de fumo. A liderança sênior tomou a decisão, mas fomos aos funcionários pedir que nos ajudassem a colocar em prática a decisão. Criamos uma equipe de ação com vários níveis, funções e locais geográficos de trabalho. Essa equipe ficou responsável pelo desenvolvimento do processo e das práticas necessárias para a implementação dessa difícil meta. Após algumas semanas, eles retornaram com um plano integrado, bem pensado e exequível. Incluía um programa de acompanhamento e de educação sobre o fumo para aqueles que quisessem parar de fumar e um cronograma de execução, por etapas, de seis meses. Impressionante como esse plano deu resultado. Nós, na liderança, ainda pensávamos que ele seria difícil de ser implementado – não era! As pessoas por toda a empresa assumiram a responsabilidade pelo resultado.

Vários meses após termos criado um ambiente livre do fumo, recebi um telefonema do presidente de uma das maiores companhias de cigarro. Ele havia lido em um dos nossos anúncios de emprego que nós proporcionávamos um ambiente *"livre do fumo"*. Ele estava zangado! Ele me disse que tinha um contrato de $10 milhões para a compra de móveis da Herman Miller sobre a sua mesa, e que ele não o assinaria até que encerrássemos nossa política de erradicação do fumo. A equipe de liderança realizou uma reunião de emergência para discutir a situação. Eu esperava muito debate; na verdade, eu acreditava que meus colegas iriam preferir o dinheiro aos valores. Eu estava errada! A reunião durou cerca de vinte minutos. A equipe decidiu por unanimidade manter o curso e potencialmente perder o contrato. Não foi somente a coisa certa a ser feita; era bom para os negócios. Se tivéssemos abandonado nossa política, teríamos perdido a confiança das pessoas e provado que a liderança não estava alinhada com os valores. O custo acumulado de perder a confiança das pessoas teria sido incalculável e possivelmente irrecuperável.

"A confiança é construída por promessas mantidas."

Max De Pree

Nossos valores eram aplicáveis aos nossos produtos e serviços e também às nossas pessoas. A Eames Lounge Chair e Ottoman foi projetada por Charles e Ray Eames e fabricada pela Herman Miller em 1956. Definindo o padrão para elegância e conforto, é considerada entre os mais importantes designs de móveis do século XX é está na coleção permanente do Museu de Arte Moderna de Nova Iorque.

A Eames Lounge Chair era originalmente produzida com um folheado de pau-rosa. Em 1990 a Herman Miller deixou de usar o pau-rosa acreditando que estávamos contribuindo para o declínio da floresta tropical brasileira. Estávamos muito à frente do nosso tempo.

O conceito de uma "empresa verde" não apareceria até quase dez anos após a Herman Miller ter tomado essa decisão consciente em relação ao meio ambiente. Foi uma decisão muito difícil e controversa para tomar do ponto de vista da integridade do design. Assim como da perspectiva de vendas e de marketing. Entretanto, foi a coisa correta a ser feita.

O governo brasileiro agora controla o pau-rosa como uma espécie ameaçada. Mais uma vez, tivemos a coragem de sermos verdadeiros para com nossos valores, e estávamos certos.

> *"Esse conjunto de valores nos ajudou a aprender que tínhamos a capacidade de fazer o bem e fazer bem feito."*

Tendo a coragem de incluir as responsabilidades familiar, social e ambiental em nossos valores, despertou o que havia de bom em nós. Esse conjunto de valores nos ajudou a aprender que tínhamos a capacidade *de fazer o bem e fazer bem feito!* Ajudou-nos a ver e compreender as conexões entre as pessoas, famílias, comunidades e o meio ambiente. Ajudou-nos a compreender nossas responsabilidades além dos lucros. Nós nos tornamos profundamente conscientes de que fazíamos parte de uma cadeia maior de eventos e de um todo maior. Pessoalmente, era estimulante, maravilhoso e profundamente realizador como maneira de trabalhar.

Liderança
Uma Mudança Radical

"A liderança é uma intromissão séria na vida de outras pessoas."

Max De Pree

O ingrediente crítico para o sucesso da Herman Miller era uma filosofia de liderança calcada na crença básica de que as pessoas são extraordinárias e capazes de realizar coisas admiráveis. Nós abandonamos a premissa tradicional de que as pessoas são preguiçosas, não merecem confiança e limitam seu crescimento. Isso teve implicações enormes para aqueles de nós que tínhamos responsabilidade de liderança. Nossas decisões de liderança e de administração tinham que refletir nossos valores e crenças.

A *equidade* era uma dessas crenças. *"O capitalismo inclusivo"* era um compromisso sério que formava o conceito, que a meritocracia se aplicava a todos. Instituímos algumas políticas e programas ousados para alinhar nossas ações:

Pagamento ao CEO – Max De Pree teve a coragem e o caráter de limitar o tamanho do salário básico do CEO a 20 vezes a base do salário do funcionário médio. Ele acreditava que deveria existir uma conexão igualitária, uma relação entre o pagamento ao CEO e o dos empregados, assim como uma relação direta entre o desempenho da empresa e o pagamento dos líderes.

O Paraquedas de Prata – Max estabeleceu essa política revolucionária. Em vez de ter um Paraquedas de Ouro, que daria ao CEO e aos executivos de ponta o direito de receberem milhões de dólares se eles perdessem seu emprego por causa de tomadas de controle hostis, o Paraquedas de Prata dava o direito a todos os funcionários que perdessem seu emprego por causa de uma tomada de controle hostil a receber um pacote financeiro saudável. Isso era um vencer/vencer/vencer, já que a empresa que fizesse essa compra teria que considerar esses custos.

Revisões Mensais do Negócio – Nós demos a todos o poder de informação que é reservado somente à liderança na maioria das organizações. A Equipe Sênior de Liderança organizava revisões mensais do negócio para compartilhar a informação (o bom, o mau e o feio) com *todas* as equipes de trabalho. Nós gravávamos as reuniões e todos os líderes de equipes eram encarregados de compartilhar os vídeos com suas equipes e discutir maneiras pelas quais elas poderiam contribuir.

A comunicação era abundante e disponível para todos os funcionários e equipes. Todos conheciam as metas e as prioridades corporativas e o status do nosso progresso. Isso possibilitava às equipes de trabalho celebrarem as boas-novas e colocar um foco laser nas áreas problemáticas. Isso também requeria que todos se tornassem "ilustrados para negócios" e assim nós fornecíamos a educação básica de negócios para todos os funcionários.

Nossa Participação Ganha – Diferentemente da maioria das empresas que somente pagam bônus aos executivos, todos, do zelador ao CEO, participavam de um bônus trimestral da empresa, chamado *"nossa participação recebida"* quando coletivamente nós superávamos nossas metas corporativas compartilhadas. Aqueles bônus algumas vezes excediam 30% do salário trimestral bruto do funcionário. As pessoas raramente nos decepcionavam; mais frequentemente, elas superavam nossas expectativas. Elas não atuavam como subordinadas ou empregadas – elas atuavam como proprietárias.

Responsabilidade Social – Nossos funcionários viviam nas comunidades onde nós morávamos. Tínhamos a responsabilidade não somente de respeitar nossas comunidades, mas de fazer a nossa parte para possibilitá-las a prosperarem. Nós não somente contribuíamos com até 10% de nossos lucros para iniciativas sem fins lucrativos, como também os funcionários da empresa deveriam se sentar em pelo menos um conselho comunitário sem fins lucrativos.

Nosso comprometimento com a família e a responsabilidade social e ambiental resultou em grandes benefícios a todos que eram parte da família Herman Miller. Nós atraímos as melhores e mais brilhantes pessoas – não porque nós pagássemos mais, mas por causa de nosso comprometimento com a qualidade de vida para todos os interessados. As pessoas tinham orgulho de trabalharem na Herman Miller e se tornaram nossos maiores relações-públicas. Os governos locais e as comunidades estavam constantemente buscando ter a Herman Miller se expandindo para sua vizinhança. No longo prazo, aprendemos que ser responsável socialmente não era apenas a coisa certa a fazer, mas também era um bom negócio.

A liderança era uma responsabilidade assustadora. Nós compreendíamos nosso propósito e nosso poder. Nós compreendíamos o maior bem e o maior mal que podíamos fazer às pessoas, famílias, comunidades e ao ambiente. Nós não tínhamos que prestar contas apenas aos acionistas – nós tínhamos que prestar contas a uma miríade de interessados entrelaçados. Liderar isso não era fácil.

Para se tornar um líder na Herman Miller era preciso desaprender quase tudo que nos haviam ensinado na escola de administração. Para nos ajudar na transição e nos lembrar o que era importante na nossa responsabilidade de liderança, Max encomendou uma escultura de uma carregadora de água criada por Allan Houser, um índio americano. Ele a havia colocado no centro do pátio da empresa. Max possuía uma versão pequena da escultura colocada fora do escritório do CEO, como um símbolo de nossos valores e crenças. A inscrição dizia:

"A carregadora de água da tribo nesta empresa é um símbolo da natureza essencial de todos os trabalhos, nossa interdependência, a identidade da propriedade e participação, a servidão da liderança, e a autenticidade de cada indivíduo".

Nós conseguimos compreender, construir algo belo, com um grupo de pessoas; todos trabalhando juntos com uma missão, visão e valores positivamente compartilhados era uma maneira altamente efetiva e eficiente de trabalhar. Mais importante, era uma forma de liderar profundamente significativa, empolgante e até espiritual.

A mágica da Herman Miller era sua liderança e seu pessoal. Os valores eram o ingrediente-chave – o fermento que ajudou todos a crescerem para o desafio. Eles eram não negociáveis e incorporavam tudo que é verdadeiramente importante na vida. Nós tratávamos as pessoas com uma reverência sincera e lutávamos diariamente para alinhar nossas palavras, ações e nossas decisões com nossos valores e crenças. Nós criamos uma extraordinária empresa global integrante da *Fortune 500* do ramo de móveis para escritório que se tornou "Um ponto de referência para a excelência, por quase qualquer medida". Eu finalmente compreendi a assustadora responsabilidade de me tornar a vice-presidente corporativa *para* as pessoas.

Sentia-me abençoada por ter trabalhado na Herman Miller. Eu experimentei uma forma de liderança muito evoluída e percebi os tremendos benefícios do verdadeiro capitalismo democrático em funcionamento. Estávamos muito à frente de nosso tempo. O que Max chama *"Um local de potencial realizado"* se tornou realidade. Um lugar que chamo de *"meu Camelot"*.

Apesar de muitos de nós não estarmos mais na Herman Miller, carregamos o que aprendemos para nossas vidas, nosso trabalho e comunidades; assim o legado continua a viver.

Reinventando o Governo Americano

"Em vez de resmungar e me lamentar sobre meu governo eu escolho participar em fazê-lo melhor."

Eu deixei a Herman Miller em 1993 quando fui indicada pelo Presidente Bill Clinton para me juntar à sua administração como Diretora do Federal Quality Institute. O instituto servia como o recurso-chave para aprendizagem da iniciativa Reinventando o Governo, liderada pelo Vice-Presidente Al Gore. Era muito difícil deixar a Herman Miller e eu hesitei bastante se devia ir. Entretanto, aprendi que quando seu país a chama para servi-lo, você orgulhosamente avança para o desafio. Também era o tempo para que eu ajudasse a atacar mais daqueles sistemas que eu sabia que precisavam de mudança. Em vez de resmungar e me lamentar sobre o meu governo, eu escolho participar em fazê-lo melhor.

Entrei em um mundo que eu não tinha ideia que existia. Quando me formei na faculdade o governo federal americano era um dos mais desejáveis e respeitáveis lugares para se trabalhar. Muitos boomers correram para Washington D.C. para trabalharem no Departamento de Justiça, Departamento de Educação e Saúde e Serviços Humanos para fazerem a diferença. Naquela época, o governo americano somente aceitava os "melhores e mais brilhantes". Era um lugar empolgante para se estar. Eu me candidatei para trabalhar lá e fui rejeitada; a competição era pesada. Mas em 1993 as coisas haviam mudado. Eu entrei em um mundo que havia se tornado rígido e antiquado. A cultura parecia vazia de energia e entusiasmo.

As pessoas pareciam apáticas e letárgicas, mesmo os funcionários jovens pareciam sem alegria.

No Federal Quality Institute, nós trabalhávamos com as equipes de liderança das agências dos gabinetes, sob a liderança do Vice-Presidente Al Gore. Nossa missão era levar o estado da arte das práticas de liderança e de administração, ideias e ferramentas do setor privado para ajudar a iniciar o processo de reinvenção. Eu me lembro de uma das minhas primeiras reuniões com uma equipe de burocratas de alto nível. Cheguei à reunião pronta para compartilhar algumas histórias sobre como as empresas do setor privado estavam transformando suas organizações. Era evidente, a partir do momento que lá entrei, que eu não era bem-vinda. Eles estavam lá porque tinham que estar.

"Como você quer passar a segunda metade de sua vida?"

A iniciativa de reinvenção era um mandato emitido através de uma ordem executiva do Presidente Clinton. Àquela altura da minha vida, eu raramente ia para algum lugar onde não era querida. Eu tinha toda a intenção de apenas passar-lhes uma rápida visão global das estratégias de reinvenção e sair de lá. Mas à medida que eu olhava para aquela equipe, via que eles tinham mais ou menos a minha idade – Baby Boomers que tinham vindo para Washington após a faculdade. Eu perguntei a eles: *"O que trouxe vocês para o governo federal?"*. As pessoas começaram a dividir suas histórias. Quanto mais eles falavam, mais a sala se enchia de energia. Eles contaram histórias e histórias sobre o que os havia inspirado para virem servir seu país e a diferença que eles fizeram na vida das pessoas. Quando a energia se acalmou eu fiz outra pergunta: *"Como vocês querem passar a segunda metade de suas vidas?"* Eles começaram a conversar sobre como poderiam trazer o espírito, a vitalidade, a visão e os valores de volta a seus trabalhos.

De alguma forma, ao longo do caminho, a maior parte do espírito que essas pessoas haviam originalmente trazido para seu trabalho foi sufocada. As regras, regulamentos e burocracia do governo federal haviam tomado o lugar da visão do valor e do espírito. O ambiente parecia sufocar qualquer senso de criatividade ou inovação e criou um ambiente que recompensava um comprometimento escravizado ao status quo e ao minimalismo. Pessoas criativas e inteligentes foram sufocadas. O resultado, claro, foi que eles perderam sua confiança, entusiasmo e o desejo de contribuírem com seu melhor. Tenho certeza de que ninguém intencionalmente desejava que esse ambiente bloqueasse o espírito, a criatividade e a imaginação dos funcionários do governo.

Eu testemunhei pessoas que tinham vindo servir a seu país, guiadas por um senso de serviço e uma visão ousada, de esperança para a América, se transformarem em críticos e até mesmo cínicos. No entanto, apesar desses obstáculos, eu encontrei histórias de sucesso, DreamMakers transformando suas organizações no governo federal americano, superando tremendos obstáculos.

Sozinha

"É a nossa luz, não nossa escuridão o que mais nos assusta..."

Marianne Williamson, A Return To Love

Em junho de 1995 eu iniciei meu próprio negócio, fazendo meu trabalho – Visão & Valores. Reminiscente do trabalho na prisão anos atrás, pensei que eu podia me tornar prisioneira dos mesmos sistemas que me levaram a entrar no governo americano para mudar. Decidi sair. Meu dilema era para onde ir. Eu já havia trabalhado nos governos federal e estadual, e no setor privado. Eu sempre havia desejado experimentar a liberdade de seguir meu próprio caminho, mas aquele caminho parecia ameaçador. Eu era uma mãe sozinha com uma filha em uma escola particular e nenhuma ajuda financeira externa. Tinha uma hipoteca, e havia exaurido quase todas as minhas economias. Eu me sentia muito nervosa.

Eu tinha uma oferta muito lucrativa à minha frente para me unir a uma empresa de internet como Vice-presidente para as Pessoas, mas meu coração não estava lá. Eu queria forçar meus limites.

No dia da minha decisão, Rita Cleary, uma das minhas DreamMakers no meu primeiro livro, enviou-me por fax o poema de Marianne Williamson, que começava assim: *"É a nossa luz, não nossa escuridão o que mais nos assusta..."*. Eu dei o salto – *"na grande queda para o abismo"* como minha colega Meg Wheatley descreve em *Leadership and the New*

Science. Era o tempo para que eu perseguisse meus próprios sonhos; colocasse a visão e os valores para funcionarem sem os constrangimentos das estruturas de organizações. Essa, comprovadamente, foi a decisão correta no momento correto para mim. Eu trabalho com empresas, organizações sem fins lucrativos e comunidades, servindo como um catalisador, ajudando-as a colocarem em prática suas visões e valores.

Uma empresa muito especial com quem fiz parceria foi a Popular, Inc., uma instituição financeira com 117 anos de funcionamento, mais conhecida como Banco Popular.

Eles tinham sido guiados por visão e valores desde sua criação em 1893. Eu trabalhei com o CEO e Chairman Richard Carrion e com duas empresas do grupo Popular. Richard, como seus pai e avô antes dele, liderava a empresa com uma visão ousada, nascida dos valores arraigados das empresas, e com uma liderança compassiva.

Minha primeira tarefa foi trabalhar com Roberto Herencia, presidente do Banco Popular North America. Trabalhei com ele e sua equipe de liderança de 2002 a 2005. O BPNA era um banco de comunidade localizado em Chicago, com filiais em cinco dos maiores mercados urbanos nos Estados Unidos.

> *"Eles batizaram seu processo de transformação – Um Novo Dia – o slogan era Faça os Sonhos Acontecerem."*

Em 2001, o BPNA estava em dificuldades, já que não havia obtido lucros por muitos anos. Então, Richard Carrion promoveu Roberto Herencia para presidente e lhe deu a missão de transformar a empresa, tornando-a rentável. Roberto e sua equipe lideraram uma notável transformação operacional e cultural: eles tiveram a coragem de sonhar uma visão grande, ousada; eles clarificaram seus valores e engajaram todos os funcionários no processo de mudança. Batizaram seu processo de transformação de **Um novo dia**. O slogan era ***Faça os sonhos acontecerem!***

Os resultados foram surpreendentes. Em apenas 3 anos os ativos aumentaram de $5,6 bilhões para $11,5 bilhões; o lucro líquido aumentou de $12,4 milhões para $99,6 milhões. O engajamento dos funcionários, medido pela Hewitt Associates, aumentou significativamente e eles conquistaram um lugar na lista da revista *Fortune* entre as 100 melhores empresas para se trabalhar.

Essa não foi uma tarefa fácil, e a primeira coisa que a administração fez foi reduzir o quadro de funcionários em 25%. A maioria das pessoas afetadas estava na cidade de Nova Iorque, o maior mercado do BPNA. Para piorar as coisas, isso aconteceu apenas alguns meses após o 11 de setembro de 2001. Com essa tragédia como pano de fundo, eu testemunhei o processo mais compassivo, transparente e participativo que já havia visto. Guiada por seus valores, a liderança notificou os funcionários com 6 meses de antecedência de sua perda do emprego. Roberto foi a Nova Iorque e se encontrou com cada funcionário. Naquele mesmo dia, os membros de sua equipe de liderança voaram para todos os locais de seu mercado nos Estados Unidos, para terem a certeza de que todos na empresa recebessem a mesma informação ao mesmo tempo.

Eu estava em Nova Iorque com Roberto quando ele passou a mensagem difícil para os funcionários. Ele explicou em detalhes por que a decisão havia sido tomada e o que a empresa iria fazer para apoiar aqueles que iriam perder seus empregos. O escritório central de Nova Iorque estava localizado no distrito financeiro da cidade, e, enquanto eu estava ali sentada ouvindo Roberto, podia ver o Ground Zero. Foi um dia doloroso. Roberto chorava à medida que passava essa mensagem aos funcionários:

> *"...pela época que a redução da força de trabalho entrou em efeito, todos os ex-funcionários tinham um novo emprego".*

Um dos valores fundamentais do Banco Popular é ***"O Nosso Pessoal"***. Roberto considerava esse valor seriamente. Ele não somente deu aos seus funcionários um aviso prévio de seis meses, como lhes deu abundantes informações para que pudessem compreender as causas imperativas do negócio para essa decisão. Ele também os visitava com frequência durante os seis meses seguintes. Mais importante, Roberto investiu na transição deles. Nós trouxemos uma empresa de "outplacement" que eu havia usado quando a Herman Miller teve sua primeira redução de pessoal. A equipe de serviços ao pessoal do BPNA fez parceria com a equipe de outplacement da Clyde Lousteader & Associates, e pela época que a redução da força de trabalho entrou em efeito, todos os ex-funcionários tinham um novo emprego.

Esses funcionários do Banco Popular também levaram seus valores a sério. As pessoas que sabiam que iriam perder seus empregos trabalharam por um período de seis meses para que fosse assegurada uma transição suave. Durante aquele mesmo período, Roberto tinha também que divulgar a nova visão da empresa para toda a organização. Uma coisa surpreendente ocorreu quando Roberto e sua equipe revelaram a nova visão em Nova Iorque, mais tarde naquele ano. Os funcionários que estavam sob aviso prévio celebraram e aplaudiram a nova visão, juntamente com seus amigos que iriam permanecer na empresa.

Essa notável reviravolta cultural e de negócios foi alimentada pela mobilização de todos os funcionários em torno de uma visão convincente, com base em seus valores profundamente arraigados. Eles engajaram no *Envolvimento da Visão* – uma série de diálogos onde todos tiveram a oportunidade de clarificar e traduzir a visão. Então, a administração e os funcionários chegaram a um *Acordo Compartilhado* em quatro áreas de foco principais: ***clientes, nosso pessoal, comunidade* e *desempenho financeiro.*** Roberto então convidou os funcionários a fazerem as coisas acontecerem. Três anos depois, eles superaram todas as metas que haviam determinado e desenvolveram uma empresa de DreamMakers de alto desempenho e alta energia.

A segunda empresa de DreamMakers com a qual eu tive a oportunidade de trabalhar na família Popular, Inc. foi a EVERTEC – o negócio de processamento e tecnologia das operações do Banco Popular. O desafio que eles tinham era diferente mas também muito difícil. Richard Carrion havia decidido desmembrar o setor de operações de retaguarda do banco em uma subsidiária. Com esse novo mandato, eles precisavam criar uma cultura que servisse a um "negócio lucrativo" que teria que criar sua própria identidade, desenvolver seus próprios clientes e desenvolver seus sistemas e processos. Era na realidade uma transformação completa da empresa. Isso iria exigir uma cultura muito diferente daquela que antes servia às operações de retaguarda do banco.

Eles conquistaram uma transformação fenomenal. Chamaram seu processo de mudança *Travessia: Explora, Descobre & Conquista!* Eles usaram um processo similar ao do BPNA; mobilizaram seus funcionários em torno de suas visões e metas. Eles firmaram um *Acordo Compartilhado* com seus funcionários em cinco metas principais. Então, tiveram a coragem de mudar tudo, seus sistemas, processos estruturais, medidas e a cultura para servir às suas visões, seus valores e suas metas. Dois anos e meio depois eles haviam conquistado todas as metas. Mais importante, a cultura estava borbulhando com entusiasmo, a inovação estava acontecendo por toda a empresa e o orgulho e o espírito dos funcionários eram visíveis.

Os valores são e sempre estiveram no centro da Popular, Inc. ***"Comunidade"*** & ***"Nosso Pessoal"*** são de importância crítica para todos na família Popular. Richard Carrion acredita que:

> *"Para sermos felizes no trabalho, temos que acreditar que o que fazemos tem valor, que, de alguma maneira, nós contribuímos para fazer do mundo um lugar melhor. Se acreditarmos nisso, nós teremos a necessária energia e o entusiasmo para sermos excelentes no que fazemos".*
>
> Richard Carrion, *CEO and Chairman, Popular, Inc.*

DreamMakers
Decidi Escrever Sobre Isso

Eu amava meu trabalho! Eu amava trabalhar com empresas, organizações e comunidades, ajudando-as a realizarem suas visões, valores e metas. Então, um dia eu me vi com uma decisão difícil. Uma editora me procurou e me pediu que escrevesse um livro.

Eu estava falando na Annual SHRM Conference (Society of Human Resources Managers)*, e após minha apresentação duas mulheres, Melissa e Laura, me procuraram e chamaram para um café – elas eram da Davies Black Publishing (agora Nicholas Breadly Publishing). Durante o café, elas me perguntaram se eu já havia pensado em escrever um livro. Acredito que todos têm uma história para contar e muitos gostariam de escrever um livro, entretanto esse não era o momento certo para mim. Eu havia recentemente encontrado a coragem de ir atrás do meu sonho de lançar meu próprio negócio e estava com muitos outros desafios pessoais e financeiros. Eu não podia imaginar encarar ainda outro.

Felizmente, essas duas senhoras insistiram, chamaram-me regularmente, pedindo-me para escrever um livro. Como ainda tinha minhas dúvidas então chamei meu mentor e amigo, Max De Pree. Max disse: *"Você pode fazê-lo"*, algo que ele havia me falado muitas vezes. Eu então chamei meus pais e eles falaram: *"Claro que você pode fazê-lo!"* Uma vez tomada a decisão, a sincronicidade começou a funcionar. O título *DreamMakers: Putting Vision & Values to Work (DreamMakers –*

N.T. – *Conferência Anual da Sociedade de Gerentes de Recursos Humanos.*

Fazedores de Sonho – Visão & Valores em Ação) veio para mim e comecei a encontrar DreamMakers por todo o mundo.

Publiquei meu primeiro livro na série DreamMakers em 1998 nos Estados Unidos. Ele foi traduzido para o português e publicado pela Qualitymark no Brasil em 2002.

DreamMakers: Agentes de Transformação é o novo livro na série *DreamMakers*. Ele destaca o ***Centro para Inclusão Digital – Comitê para Democratização da Informática*** e é publicado pela Qualitymark no Brasil. As pessoas no CDI são os mais extraordinários DreamMakers que conheci, em qualquer lugar do mundo. Eles me inspiram e espero que inspire você a encontrar o DreamMaker dentro de você.

PARTE

2

O Poder da Inclusão Digital

A História do Comitê para a Democratização da Informática

Eu me Apaixonei pelo CDI

Em maio de 2009, minha filha e eu estávamos assistindo ao diálogo global chamado Call-of-the-Time facilitado por Peter Senge no Global Retreat Center em Oxford, na Inglaterra. Era um grupo de vários líderes que vinham de diferentes países e diferentes setores de todo o mundo. Exploramos assuntos críticos que ocorriam mundialmente; dividimos nossas histórias e aprendemos uns com os outros. A história de Rodrigo Baggio sobre o Centro para Inclusão Digital captou meu interesse porque eu acredito que a inclusão digital não é somente uma visão poderosa, é um assunto de justiça social. Pedi para me encontrar com ele e sua colega, Florencia Estrade, para aprender mais. Durante o almoço, fui puxada para essa história maravilhosa sobre centenas de milhares de pessoas que estavam transformando suas vidas e elevando suas comunidades através de sua parceria com o CDI (Comitê para a Democratização da Informática). Eu não estava apenas fascinada pelo que ouvia, a paixão de Rodrigo agitava meu espírito. Quanto mais ele falava, mais eu percebia que havia encontrado outro DreamMaker. Quando retornei aos Estados Unidos, chamei meu editor no Brasil e ele sugeriu que nós destacássemos histórias brasileiras no livro seguinte da minha série DreamMakers. Esse era o tempo ideal para destacar os DreamMakers porque o Rio de Janeiro havia vencido tanto os concursos para ser uma das cidades-sede da

Copa do Mundo de futebol de 2014 como para sediar as Olimpíadas de 2016. Nós decidimos ir em frente!

Quando cheguei ao Rio meu plano era entrevistar Rodrigo, seu pessoal e seus parceiros nas comunidades e então iniciar minha busca por outros DreamMakers brasileiros. No meu primeiro dia de entrevistas, fiquei emocionada ao ver que a paixão, o entusiasmo e o comprometimento que eu tinha visto no Rodrigo e na Florencia em Oxford eram compartilhados por todos os membros de sua equipe e por seus parceiros na comunidade. Eles também dividiam a visão irresistível de Rodrigo, e atitudes positivas sobre as pessoas, sobre comunidades e sobre a vida. Eu me apaixonei pelo CDI!

É muito fácil se apaixonar pelo Rio de Janeiro; é a cidade mais bonita que eu já vi. E, é ainda mais fácil amar os brasileiros por causa de sua generosidade, espírito e graça. Assim, estando nessa cidade extraordinária e tendo a oportunidade de entrar em contato e aprender com as pessoas do CDI foi um lindo presente. Eles são DreamMakers altamente talentosos, criativos, que estão ajudando as pessoas a transformar suas vidas e elevar suas comunidades. Eles escolheram comprometer suas vidas com um propósito poderoso: a transformação de vidas cruzando a ponte da exclusão digital.

"Eu chorei durante todas as entrevistas."

Visitei duas favelas – Morro dos Macacos e Morro da Providência. Eu queria ouvir e ver em primeira mão como as pessoas estavam usando a metodologia e a tecnologia do CDI para mudarem suas vidas. Nos centros comunitários do CDI, entrevistei pessoas comuns da comunidade que haviam transformado suas vidas, algumas de uma pobreza e desespero inimagináveis, para se tornarem notáveis DreamMakers. Eu chorei durante todas as entrevistas. Esses líderes comunitários estão comprometidos em ajudar a transformar as vidas de outros, e a criar comunidades positivas e saudáveis. Suas histórias de transformação são notáveis. Eles estão alcançando resultados surpreendentes e superando tremendos obstáculos.

"Pelo meu terceiro dia de entrevistas, eu sabia que o CDI seria a peça central do meu livro."

Salvando vidas cruzando a ponte da exclusão digital

Rodrigo Baggio criou o Comitê para a Democratização da Informática em 1995, como resposta à pobreza e à sensação de desesperança que ele via em muitas das comunidades empobrecidas no Rio de Janeiro. À época ele era um empreendedor da Internet. Rodrigo combinou seus dois amores, computadores e mudança social, para criar o CDI. O trabalho dos Centros tem auxiliado milhares de pessoas não apenas a se tornarem "alfabetizadas digitais", mas também a se tornarem cidadãs ativas, informadas, capazes de organizarem e transformarem suas comunidades. Mas Rodrigo não parou por aí. Testemunhando a proliferação da tecnologia da informação, sua explosão na década seguinte em todo o mundo, ele compreendeu que a cada dia a importância da tecnologia na criação de um impacto social sustentável se tornava cada vez mais urgente. Da população de 6 bilhões de pessoas no mundo, apenas 1 bilhão têm acesso à Internet. James Wolfensohn, ex-presidente do Banco Mundial, considera a exclusão digital "um dos maiores impedimentos ao desenvolvimento atualmente".

> *"Motivado pela perturbante realidade de que 79% do mundo permanecem excluídos digitalmente, Rodrigo decidiu globalizar o CDI."*

Hoje, o Centro para Inclusão Digital é uma ONG global, com sede no Rio de Janeiro e operações em 13 países – através da América Latina, os Estados Unidos, a Inglaterra e a Jordânia. O CDI já beneficiou 1,25 milhão de pessoas através de sua rede de 803 centros comunitários CDI autoadministrados e autossustentáveis através do Brasil, Argentina, Bolívia, Chile, Colômbia, Equador, México, Paraguai, Peru, Uruguai, Inglaterra e Jordânia.

UMA ABORDAGEM ÚNICA: *Uma Metodologia Poderosa*

A missão do CDI é transformar vidas e fortalecer comunidades de baixa renda com informações e conhecimentos de tecnologia de comunicação. Eles educam as pessoas de comunidades empobrecidas e marginalizadas a usarem a tecnologia para lutar contra a pobreza, estimular o empreendedorismo, fortalecer as comunidades e dar o poder à juventude e aos adultos de transformarem suas realidades. Os Centros Comunitários do CDI buscam ajudar as pessoas a se ajudarem, dando-lhes o poder de compreenderem os desafios presentes em suas comunidades e trabalharem juntas para resolvê-los. O CDI acredita que as próprias comunidades carentes estão mais bem posicionadas do que os governos ou as empresas para decidirem como resolver os problemas que as afetam localmente. Por esta razão, o modelo CDI enfatiza a responsabilidade compartilhada e a propriedade local, confiando aos membros da comunidade a administração e a coordenação de suas próprias escolas.

Os Centros são uma joint-venture com organizações baseadas nas comunidades. O CDI seleciona o melhor parceiro dentro de uma comunidade de baixa renda – uma pequena ONG ou um empreendedor social. Contribui com os computadores e treina dois jovens líderes no currículo e metodologia do CDI para se tornarem instrutores. Devido ao fato de sua abordagem ser baseada nos princípios da autossustentabilidade e autoadministração, o CDI também treina as pessoas locais em conhecimentos de gerência.

Os Centros são coordenados através de 32 escritórios regionais para manterem a qualidade e a metodologia de treinamento do CDI e para acompanhar e relatar os resultados. O escritório central no Rio de Janeiro monitora e apoia a rede completa. Eles também avaliam seu impacto global. Combinam a descentralização com o controle. O controle se traduz em seus sistemas de gerenciamento de informação, processos, currículo educacional, metodologia e treinamento contínuo. Eles sistematizam as melhores práticas e as implementam em todos os Centros para que eles estejam continuamente crescendo e melhorando. O pessoal do CDI atua como facilitador e permanentemente desenvolve e evolui o modelo do CDI à medida que expande seu alcance.

A maior força do CDI é sua metodologia educacional altamente eficiente. Eles possuem uma abordagem única; não somente eles ensinam o conhecimento digital, como também ensinam educação cívica, construção de comunidades, capacitação e competência empreendedoras. Os estudantes trabalham em equipes nos desafios comunitários, incluindo: desenvolvimento econômico, direitos humanos, educação sanitária, proteção ambiental e não-violência. Sua pedagogia diferenciada exige que, ao final de cada curso de 4 meses, os estudantes tenham utilizado a tecnologia como a principal ferramenta para se engajarem em um "projeto de advocacia social" com o objetivo de mudar um aspecto da realidade de sua comunidade. Os estudantes coletivamente identificam um desafio comum que sua comunidade enfrenta, pesquisam aquele desafio e preparam um plano de ação para superá-lo. Os assuntos podem variar de abuso sexual, poluição, violência, crime e drogas, à falta de serviços de saúde ou de escolas. Os estudantes então usam seus conhecimentos técnicos aprendidos no curso para atacarem o problema. Eles mobilizam suas comunidades; realizam campanhas de conscientização e trabalham em conjunto para solucionar aquele problema específico. Com esse conhecimento de construção de soluções práticas, os graduados nos cursos do CDI se tornam cidadãos ativos, informados, capazes de organizarem suas comunidades, fazendo suas vozes serem ouvidas e provocando mudanças fundamentais. Eles também usam a tecnologia para criar ações sociais, mudança social e inclusão social.

Seu modelo pioneiro também conseguiu superar o que é classicamente conhecido como "A Síndrome do Piloto" – a dificuldade de escalar e replicar um projeto que é bem-sucedido em um nível local para um nível global. A estrutura da rede do CDI cria um efeito cascata positivo que potencializa o impacto do CDI globalmente. Seu modelo funciona em todo o mundo em diversos ambientes – de Londres à Floresta Amazônica, à Jordânia. Eles estão impactando com sucesso pessoas de culturas e circunstâncias altamente diferentes: das favelas nos morros do Rio de Janeiro aos campos de refugiados de Bogotá; da comunidade Ashaninka na fronteira brasileira com o Peru às prisões, centros de recuperação juvenis e instituições psiquiátricas.

> *"Em 2006 Rodrigo foi escolhido pela CNN, Time e Fortune como uma das "Vozes principais no desenvolvimento econômico."*

O CDI se tornou uma das mais distinguidas ONGs globalmente, tendo recebido mais de 60 prêmios internacionais pelo seu trabalho. Eles são o primeiro empreendimento social a ser reconhecido com bolsas e prêmios das Fundações Ashoka, Avina, Schwab e Skoll. Rodrigo, o fundador da CDI, com 40 anos de idade, é membro de todas essas quatro instituições. Em 2003, ele recebeu o grau de Doutor Honorário em Letras Humanas pela DePaul University em Chicago. Ele é reconhecido nacionalmente e internacionalmente por sua visão e seu trabalho pioneiro. O Fórum Econômico Mundial reconheceu-o como um dos "100 Líderes Globais do Amanhã" e a revista Time considerou-o como um dos líderes da América Latina que farão a diferença no Terceiro Milênio. Em 2006, Rodrigo foi escolhido pela CNN, Time e Fortune como uma das "Vozes principais no desenvolvimento econômico" juntamente com o ganhador do Prêmio Nobel

Muhammad Yunus. Rodrigo recebeu um Diploma de Reconhecimento da Clinton Global Initiative e foi recentemente convidado a integrar o Conselho Estratégico da Nova Aliança Global para Informação e Tecnologias de Comunicação (ITC) das Nações Unidas.

A distinção mais importante e poderosa que o CDI obteve é o fato de que eles fizeram uma profunda diferença nas vidas de pessoas. O CDI ajudou centenas de milhares de pessoas a transformarem suas vidas e levantar suas comunidades.

> *"As pessoas no CDI são maravilhosos DreamMakers: Agentes de Mudanças, colocando sua visão e seus valores para funcionarem."*

Tenho profundo respeito e admiração por todas as pessoas neste livro. Essas pessoas corajosas abriram seus corações para dividirem suas histórias, algumas partes muito pessoais de suas vidas, para nos ajudar a compreender que nós também podemos mudar nossa realidade. Elas também compartilham seus valores e como pensam sobre a vida, e assim poderemos aprender com elas. Suas histórias empolgantes são os exemplos mais poderosos de DreamMakers que eu alguma vez testemunhei. Elas estão alcançando resultados fenomenais não por dependerem de intervenção do governo ou de trabalho de caridade; ao contrário, elas estão ensinando pessoas a se tornarem autossuficientes, autoadministradas e autossustentáveis. As pessoas no CDI são maravilhosos DreamMakers – agentes de mudanças, colocando sua visão e seus valores para funcionar.

> *"Nós não precisamos esperar por Deus ou pelo governo; quando nos comprometemos em melhorar nossa realidade, Deus clareia o caminho."*
> **Rodrigo Baggio**
> *Fundador, Diretor Executivo do CDI*

MOMENTOS DE DEFINIÇÃO: *Em busca do Eu*

"Eu pensei que era lento."

Quando comecei a aprender a ler e a escrever, meus pais e professores começaram a se preocupar porque eu não estava aprendendo no ritmo dos meus colegas. Eles me mandaram para psicólogos e conselheiros porque pensavam que eu era lento para aprender. Eu comecei a internalizar o que eles falavam, então, eventualmente, eu pensei que era lento. Então eles me enviaram para uma especialista. Essa professora começou a me ensinar a ler e a escrever de uma forma diferente. Ela descobriu que eu amava desenhos e me deixou aprender através da leitura de histórias em quadrinhos. Ela descobriu que eu tinha dislexia – uma inabilidade de leitura como resultado da inabilidade de processar símbolos gráficos. As revistas em quadrinhos me ajudaram porque eu sou um aprendiz visual. As revistas em quadrinhos combinam as palavras nas bolhas com as imagens. Eu comecei a aprender a ler e a escrever. Aquela experiência me ajudou a aprender sobre o aprendizado. Eu aplico aquela lição diariamente, construindo nossa organização e ensinando os fazedores de mudanças. Nossos estudantes aprendem através de uma abordagem experimental – eles não estudam apenas as palavras. Minha professora também descobriu que eu tinha DDA (Desordem de Deficiência de Atenção). Isso me dá uma enorme energia. Eu não consigo me concentrar em apenas uma coisa. Na escola, eu não conseguia ficar sentado na carteira por muito tempo; eu não conseguia prestar atenção à professora por muito tempo; eu tinha que fazer muitas coisas ao mesmo tempo. Eu estava completamente confuso e era muito diferente como garoto, por causa da minha DDA e dislexia. Eu tinha muitos problemas de comportamento e era enviado para o psicólogo muitas vezes. Então, eu tinha que focar minha energia, mas precisava focá-la em coisas que me interessassem. Aí, entrei para o teatro; eu me envolvi em movimentos estudantis, me tornei muito ativo na escola. Quando tinha por volta de 17 anos, eu estava sobrecarregado e acabei no hospital devido a estresse. Eu aprendi que a minha energia precisava ser controlada.

Aos 12 anos, meu pai me deu meu primeiro computador pessoal, era o primeiro computador pessoal no Brasil – o TK 82. Ele nem tinha sistema operacional e você tinha que programá-lo em Basic toda vez que fosse usá-lo. Eu aprendi sozinho como usá-lo lendo o manual e experimentando com programação. Comecei a ensinar meus amigos como usar o computador e depois aos meus professores. Comecei a desenvolver programas e jogos. Eventualmente, me tornei um empreendedor e comecei a cobrar pelo meu trabalho. Foi uma excelente experiência para mim. Com a idade de 12 anos, descobri minha primeira paixão: tecnologia.

> *"Ele estava surpreso e não muito interessado em minha oferta para ajudá-lo. Ele disse: 'O que você pode fazer? Você é apenas um menino'".*

Naquele mesmo ano descobri minha segunda paixão. Toda vez que eu assistia ao noticiário na TV ficava perturbado pela pobreza e pela violência que eu via. Eu me lembro de pensar comigo mesmo *"eu quero fazer alguma coisa para ajudar"*. Eu não sabia o que fazer, mas sabia que queria fazer alguma coisa. Um dia um homem veio à nossa escola e proferiu uma palestra para todos os estudantes em um auditório. Ele havia iniciado o primeiro projeto social para garotos de rua no Rio. Era um projeto dirigido pelo Exército brasileiro e pela Igreja Católica. Após a palestra, eu fui a ele e disse que queria ser um voluntário em seu projeto. Ele ficou surpreso e não muito interessado em minha oferta para ajudá-lo. Ele disse: *"O que você pode fazer? Você é apenas um menino"*.

Mas eu estava determinado a fazer alguma coisa. Então eu achei o endereço da igreja católica que era parte do projeto e fui à catedral. Perguntei à primeira pessoa que vi se eu podia ser voluntário para o projeto de garotos de rua. Recebi a mesma resposta que o homem na nossa escola me deu: *"Você deveria passar seu tempo com seus amigos, jogando futebol ou vendo TV"*. Enquanto ela ia embora, eu comecei a olhar em volta e vi um padre. Eu não era católico, fui criado como metodista, mas sabia que ele era um padre por sua roupa, então eu me aproximei dele. Eu lhe disse que desejava voluntariar meu tempo para ajudar aos meninos de rua. Ele ficou emocionado com o meu pedido e me levou para conhecer o grupo de pessoas que trabalhavam naquele projeto; eles me aceitaram e eu me tornei o coordenador de esportes.

Nesse trabalho, descobri que os meninos de rua brigavam muito quando praticavam esportes. Quando ficavam zangados, logo recorriam à violência. Eles brigavam ou tentavam se agredir com facas ou garrafas quebradas. Isso era muito diferente do meu mundo. Na minha comunidade os garotos se xingam quando os jogos esquentam, mas nunca foram tão longe. Um dia, uma turma invadiu a catedral onde estávamos reunidos. Eles atacaram a igreja com pedras e quebraram os vidros dela. Nós nos jogamos no chão sob os bancos. Eu me lembro vividamente sentindo meu rosto no chão e pedaços de vidro batendo no meu corpo, e pensando para mim mesmo *"será que eles irão parar ou avançar?"*; por sorte eles pararam. Naquele momento, decidi que precisava ensinar a eles uma maneira mais pacífica.

Houve um dia em especial quando minha decisão foi testada. Duas turmas começaram a lutar, elas tinham cerca de 15 garotos em cada lado.

Eu sabia no meu coração que eles realmente não queriam brigar, mas não conheciam outro jeito de resolver os conflitos. Eu era o coordenador de esportes mas tinha a mesma idade deles, e ainda que eles fossem garotos de rua e eu fosse de uma realidade diferente, eles confiavam em mim. Eu decidi me intrometer. O líder de uma das turmas colocou uma faca nas minhas costelas. Ele apertou tanto a faca que perfurou minha pele e eu vi o sangue começar a escorrer pelo meu lado. Mas uma coisa surpreendente aconteceu comigo; eu senti uma grande dose de energia. Embora ele ameaçasse me matar, eu não estava com medo; tudo que senti naquele momento foi amor. Eu lhe disse: *"Você pode me matar, mas não pode reduzir o amor que sinto por você ou o desejo que tenho de trabalhar com você"*. A força da minha energia o impactou; ele olhou para os outros meninos, eles se olharam uns aos outros – e foram embora. Essa foi uma experiência surpreendente para mim; eu tinha feito a diferença e tinha só 12 anos. Foi um momento de definição na minha vida. Eu encontrei minha segunda paixão: ação social.

> *"Então com 12 anos eu encontrei minhas duas paixões na vida: tecnologia e ação social."*

O diretor daquele projeto social ficou tão impressionado com minha habilidade de me relacionar com os garotos de rua que me apresentou ao chefe de polícia do Rio. O chefe havia me visto no Centro do Rio, andando com os garotos de rua, interagindo com eles nos locais onde eles perambulavam. Era uma região perigosa, onde os garotos usavam drogas, faziam sexo e dormiam. O chefe de polícia queria saber como eu havia conquistado seu respeito e por que eles me aceitavam. Mais importante, eles estavam querendo aprender comigo. Eu percebi, com 12 anos de idade, que tinha encontrado minhas duas paixões na vida: tecnologia e ação social.

Como um adolescente eu era dois Rodrigos; um era engajado apaixonadamente em ação social, movimentos sociais e o outro estava profundamente envolvido em tecnologia. Aqueles eram minhas duas paixões e, ainda, eram mundos separados um do outro. Em um mundo eu era um empreendedor ensinando computação a estudantes e professores na minha comunidade. No meu outro mundo, eu estava trabalhando para ajudar os garotos de rua em uma comunidade extremamente diferente.

Quando entrei para a faculdade, decidi estudar ciências sociais. Eu já havia dominado a tecnologia daquele tempo, já havia até lançado programas no mercado, como computação gráfica e animação. Então eu decidi estudar trabalho social, antropologia social e movimentos sociais para aprender mais sobre minha segunda paixão. Naquela época da minha vida, decidi deixar minha igreja. Eu havia ficado desiludido porque senti que minha igreja estava preocupada somente com a religião e não estava trabalhando para tornar as coisas melhores em comunidades. Ela tinha ficado mais voltada para o carisma do que para ajudar pessoas. Então, enquanto na faculdade, decidi estudar religiões diferentes e aprendi sobre a comunidade à beira do rio com uma religião sincrética, próxima ao igarapé do Céu do Mapiá, junto aos povos indígenas na Amazônia. Eu fiquei tão fascinado pelo que eu li que aos 17 anos decidi ir visitá-los. Meus pais não concordaram com a minha decisão, então tive que ir sozinho. Viajei 11 dias pelo Brasil – do Rio de Janeiro até Boca do Acre, no estado do Amazonas. Naquela viagem eu descobri o Brasil. Eu sentei ao lado de tantas pessoas diferentes de tantos estados do Brasil; vi muitas coisas maravilhosas.

Fiquei tão fascinado por essa comunidade à beira do rio que lá permaneci por um mês. Aprendi como eles vivem em equilíbrio com a floresta tropical. Isso foi antes do início do movimento ambiental para proteger a floresta amazônica. Eu fiquei maravilhado como eles viviam em equilíbrio com a natureza. Foi uma experiência maravilhosa, eu me sentia como um deles. Eu até me uni a eles nos seus rituais espirituais. Durante um daqueles rituais eu tive uma experiência transcendental. Naquele momento meu corpo, alma e espírito estavam em contato direto com Deus. Eu experimentei o Nirvana, a plena paz e plenitude. Naquele estado, fiz a Deus uma pergunta: *"Quem serei no futuro?"* Dois conceitos foram mostrados a mim: tecnologia e direitos humanos. Essa foi uma visão inicial do que eu iria fazer com minha vida. Na época, eu não a entendi, mas eu mantive esses dois conceitos em mente.

> *"Eu fiz a Deus uma pergunta: Quem serei no futuro?"*

Logo após aquela experiência eu decidi sair da faculdade. Minha motivação para ir para a faculdade havia sido a de melhorar minha prática na área de trabalhos sociais. Entretanto, não tive qualquer professor com experiência prática na área de trabalhos sociais ou de antropologia social. Eu fui trabalhar para uma empresa chamada Accenture. Após dois anos eu deixei a Accenture para criar minha própria empresa – Baggio Tecnologia de Informação – BTI. Em uma época em que todos os meus amigos ainda moravam em casa com os pais, eu era dono de uma empresa bem-sucedida. Eu morava sozinho, tinha meu carro, um pequeno barco e estava ganhando muito dinheiro. Era um empreendedor de sucesso, mas não era feliz – eu estava bem, mas não realizado.

Achando um Propósito

"Em 1993 eu decidi mudar minha vida.
Decidi buscar a realização."

Um dia eu imaginei como seria minha vida em dez anos e percebi que se eu continuasse a fazer o que fazia, tudo que eu ia ter seria mais dinheiro. Em 1993 decidi mudar minha vida; decidi buscar a realização. Eu não sabia como ou o que eu ia fazer, eu apenas decidi. Em todo aquele ano eu refleti muitas vezes sobre a experiência na floresta amazônica; minha experiência com Deus. Pelo final de 1993 a resposta veio para mim. Literalmente, veio em um sonho. No meu sonho, eu via jovens pobres usando a tecnologia para melhor compreenderem suas realidades. Eles estavam superando seus desafios e transformando suas vidas. Quando acordei, eu estava muito energizado. Aquele sonho traduziu a visão que eu havia tido aos 17 anos na floresta amazônica – tecnologia & direitos dos cidadãos. Agora, aos 23, eu havia encontrado meu propósito! Naquele momento decidi investir minha vida para tornar aquele sonho uma realidade!

Aquela visão me mostrou o caminho. Eu não tinha dúvidas sobre o que eu iria fazer da minha vida. Eu inicialmente criei o primeiro sistema eletrônico de quadro de avisos para os jovens no Rio, chamado Jovem Link. Ele era uma forma primitiva de rede social antes da Internet. A missão era a de conectar eletronicamente jovens de origens diferentes – os ricos, os pobres e os de classe média, para discutirem assuntos e fatos a fim de construírem pontes através das barreiras sociais. Eles iriam se conectar sobre seus projetos escolares, falar sobre religião, sexo e outros assuntos que viessem às suas cabeças. Então, em 1994, eu fiz uma pesquisa sobre o perfil dos estudantes que estavam usando o Jovem Link BBS. Fiquei muito desapontado, porque 100% dos jovens eram de famílias ricas. A razão era que os jovens de famílias pobres e de comunidades não tinham acesso a computadores.

Meu pensamento seguinte foi: *"Vamos dar computadores a eles"*. Assim, em janeiro de 1994, eu lancei "Computadores para todos" – a primeira campanha social para a reciclagem de computadores na América Latina. Eu mobilizei um grupo de voluntários e começamos a pegar computadores antigos de empresas e de ONGs. Nós preparávamos os computadores e os doávamos para organizações de comunidades de base. A mídia soube do nosso trabalho e começou a escrever sobre nossa campanha. Como resultado, mais empresas doaram computadores. Após seis meses eu fiz uma avaliação do impacto e descobri que as pessoas em comunidades de baixa renda estavam usando aqueles computadores, entretanto elas poderiam utilizá-los de maneira muito mais eficiente se nós as ensinássemos como usá-los.

> *"Eu finalmente compreendi as duas mensagens que recebi de Deus, na minha visão aos 17 anos na floresta amazônica: tecnologia e direitos dos cidadãos. Eu havia encontrado o propósito da minha vida."*

Um dia, um empresário me chamou e disse que ele tinha centenas de computadores. Ficamos muito entusiasmados e agradecidos. Conseguimos um caminhão e o carregamos com os computadores. Quando testamos um computador, ele não ligava. Testamos outro e outro e constatamos que havíamos recebido lixo tecnológico. Mas todos aqueles computadores que não funcionavam e aquele desafio fizeram surgir outra ideia. Eu pensei: vamos convidar os jovens da comunidade de Santa Marta, a mais violenta comunidade de baixa renda do Rio, para que eles aprendam a consertar computadores. Nós procuramos uma organização da comunidade e pedimos que eles selecionassem 10 jovens para aprenderem a consertar computadores. Foi maravilhoso; aqueles jovens ficaram muito empolgados por trabalharem com computadores. Eles nunca poderiam se imaginar em frente a um computador, e aqui eles estavam consertando-os. Aquele momento me inspirou a combinar minha experiência social com minha experiência profissional.

Finalmente eu compreendi as duas mensagens que havia recebido de Deus, em minha visão aos 17 anos na floresta amazônica: tecnologia e direitos dos cidadãos. Eu havia encontrado o propósito da minha vida.

Da Visão para a Realidade

Eu lancei o primeiro Centro para Tecnologia & Direitos do Cidadão em março de 1995, em associação com uma organização de base chamada Grupo Eco. Foi na comunidade de Santa Marta, a mais perigosa favela do Rio de Janeiro. Em vez de criar uma organização de caridade, preferi criar um centro que fosse autossustentável e autogerenciável. Nossa missão era a de desenvolver e formar fazedores de mudança que pudessem ensinar tecnologia e também ensinar às pessoas de sua comunidade a se capacitarem. Essa experiência solidificou os três pilares fundamentais sobre os quais todos os centros são construídos atualmente: autossustentabilidade, autoadministração e nossa metodologia pedagógica que é focada em formar fazedores de mudanças.

Por que autossustentabilidade? Porque eu poderia treiná-los a consertarem computadores e se tornarem professores e eu poderia achar o espaço e o equipamento, mas necessitava que eles gerassem renda para fazer com que os centros fossem viáveis.

Por que autoadministraação? Porque eu sou uma pessoa de fora, as pessoas na favela precisam ser as proprietárias e administradoras do centro.

Por que formar fazedores de mudanças? Porque formar fazedores de mudanças é o centro do nosso trabalho – nosso currículo pedagógico e a metodologia ensinam e desenvolvem os fazedores de mudanças. Isso envolve mais do que ensinar as pessoas sobre a utilização de computadores ou como usar o Excel ou o PowerPoint. A meta era para que eles ensinassem pessoas em suas comunidades a usarem a tecnologia e melhorarem suas vidas. Desenvolvendo suas comunidades.

Durante o período que passei desenvolvendo o centro, de julho de 1994 até sua inauguração em 1995, falei com muitas pessoas; elas me diziam: *"Rodrigo, você está doido"* ou *"as pessoas nas favelas não vão usar tecnologia"*. Naquela época, na história do Rio de Janeiro, grandes empresas estavam começando a ajudar os estudantes das escolas secundárias a aprenderem sobre computadores. Elas estavam criando laboratórios de tecnologia e colocando-os em escolas. Mas elas não estavam trabalhando com escolas das regiões de baixa renda. A maioria das pessoas com quem falei acreditava que os pobres não eram capazes de compreender a tecnologia. Mas eu tinha uma visão, um sonho, e estava determinado a tornar aquele sonho realidade. Finalmente, uma empresa decidiu apoiar o nosso Centro. A C&A, a empresa holandesa de roupas, doou cinco maravilhosos computadores e uma impressora a cores. Nós selecionamos 12 jovens da comunidade e os treinamos três vezes por semana – quatro daqueles estudantes foram escolhidos para se tornarem instrutores.

Houve um dia em que aprendi algo muito importante sobre a realidade daqueles estudantes; eu via aqueles jovens brincando do que eu pensava serem índios e caubóis. Quando eu conversei com eles, me disseram que não estavam brincando de caubóis e índios, eles estavam brincando de traficantes de drogas e de polícia. Eu então perguntei: *"Quem são os mocinhos?"* e eles responderam *"os traficantes"*. Nas favelas os garotos eram muito influenciados pelas vidas dos traficantes de drogas; seu poder, dinheiro, como eles se vestiam. Essa era a realidade deles; nós precisávamos dar a eles mais esperança. Enquanto desenvolvíamos o centro, convidamos os líderes comunitários para virem e olharem o que estávamos fazendo. O local onde abrigamos o centro tinha cores muito monótonas e quando os líderes comunitários o viram, algo maravilhoso aconteceu – eles se ofereceram para pintar o centro com cores brilhantes. No dia da inauguração do centro havia mais de 300 jovens em fila para se inscreverem no nosso programa de tecnologia e direitos humanos.

Outra coisa extraordinária aconteceu. Nós havíamos convidado apenas os líderes comunitários e, no entanto, onze jornais, sete estações de TV e repórteres de duas revistas apareceram. Eles relataram o que estávamos fazendo e as pessoas pensavam desde que eu era louco até me saudarem como um visionário. A mídia fez a divulgação de serviços públicos e colocou o telefone de minha residência nessas matérias. Eu recebia telefonemas todos os dias, começando às duas e três horas da madrugada, de pessoas desejosas de ser voluntárias. Um dia fui ao centro esperando encontrar 10 voluntários, mas havia mais de 70 pessoas lá.

> *"Aquele foi o momento de definição seguinte na minha vida; o momento que decidi replicar os Centros de Tecnologia e Direitos Humanos em outras comunidades e favelas do Rio de Janeiro."*

Meu sonho, minha visão até aqueles dias era o de iniciar um centro, entretanto, ao olhar aqueles voluntários, fiquei inspirado. Aquele foi o momento de definição seguinte na minha vida; o momento em que decidi replicar os Centros de Tecnologia e Direitos dos Cidadãos em outras comunidades nas favelas do Rio de Janeiro. Eu estava com 24 anos e tinha que aprender a supervisionar centenas de voluntários. Eu havia aprendido como gerenciar profissionais quando trabalhei na Accenture, mas gerenciar voluntários era bem mais complexo. Aqueles 70 voluntários não apenas me ajudaram a aprender como supervisionar voluntários, eles me ajudaram a expandir para mais centros. Pelo final de 1995 nós havíamos expandido para 5 centros comunitários CDI, e, no nosso segundo ano, tínhamos centros em três estados brasileiros. Nós havíamos iniciado o primeiro movimento para inclusão digital na América Latina.

Atualmente, possuímos 803 centros em 13 países. Temos centros e escolas em comunidades rurais; em comunidades afro-brasileiras. Temos centros do CDI em aldeias indígenas, na floresta amazônica, em hospitais para os deficientes físicos e mentais; o CDI também funciona em prisões. Nunca, nos meus maiores sonhos, eu pensei que minha visão se tornaria um tal movimento.

> *"Quando alguém toma uma decisão, está realmente mergulhando em uma forte correnteza que o levará a lugares que ele nunca sonhou quando pela primeira vez tomou aquela decisão."*
>
> Paulo Coelho, *O Alquimista*

Capacitados para Agir

"Eles aprenderam como usar o PowerPoint e fizeram numerosas apresentações às pessoas locais."

No nosso centro CDI em uma favela de São Paulo, dez jovens do programa decidiram pesquisar para escolherem o desafio que mais preocupava sua comunidade. Eles entrevistaram pessoas da comunidade, fizeram imagens de vídeo e trouxeram toda a informação de volta para ser revisada. Os vídeos eram realmente impactantes porque se podia perceber que os ratos estavam tomando conta da comunidade. Adicionalmente, todos os moradores entrevistados se queixaram dos ratos, então eles decidiram fazer alguma coisa sobre a infestação. Eles usaram a Internet para pesquisar sobre ratos e descobriram os efeitos devastadores que eles podem ter sobre as pessoas: morder crianças e transmitirem doenças. Eles descobriram que a causa básica para a infestação de ratos era que a comunidade local não havia desenvolvido um sistema organizado para o recolhimento de seu lixo, e que a municipalidade nunca havia feito recolhimento de lixo naquele local. Através de pesquisa, descobriram a ligação entre ratos e o lixo.

Em seguida eles decidiram educar e mobilizar sua comunidade sobre o escopo do problema. Eles aprenderam como usar o PowerPoint e fizeram numerosas apresentações às pessoas locais. Após quatro meses a comunidade como um todo se organizou para reciclar seu lixo. Os estudantes também negociaram com a municipalidade o recolhimento semanal do lixo.

Aqueles 10 jovens mudaram sua comunidade através do uso da tecnologia e dos direitos do cidadão. Eles pesquisaram sobre o problema; criaram a conscientização e entraram em ação. Não somente usaram a mobilização da comunidade e a educação como uma força poderosa, também usaram com sucesso o conhecimento recém-adquirido de seus direitos de cidadãos para conseguirem que a municipalidade respondesse às suas necessidades. Através dessa experiência aqueles jovens aprenderam não apenas tecnologia, direitos humanos e advocacia – eles transformaram profundamente sua comunidade.

A Comunidade Ashaninka no Brasil

Nós temos um centro CDI na comunidade indígena Ashaninka no Brasil. Eles vivem a sete quilômetros da fronteira com o Peru. Vivem em sintonia com a natureza na selva, distantes de quaisquer cidades. Quando fui lá pela primeira vez, vi um mundo muito diferente. Eu estava surpreso por eles não terem muros em volta de suas casas. Perguntei por que e eles responderam: *"Nós não precisamos de muros, as coisas materiais não são sagradas"*. A população Ashaninka é estimada em 25.000 a 45.000, a maior parte vivendo no Peru; apenas algumas centenas vivem no lado brasileiro da fronteira. Por mais de um século houve invasão em suas terras, de seringueiros, madeireiros e traficantes de drogas. Desde a década de 50, os territórios Ashaninka têm sido reduzidos e seus povoados sistematicamente destruídos, resultando em uma retirada do povo Ashaninka para a selva. Os Ashaninka que fugiram através da fronteira para o Brasil possuem direitos territoriais no estado brasileiro do Acre.

"Eles venceram a guerra por causa do e-mail."

Em 2004, os Ashaninka do Brasil tiveram uma ameaça às suas vidas. Os traficantes de drogas e os madeireiros do Peru cruzavam regularmente a fronteira e invadiam seu território para traficar drogas e cortar a floresta para roubarem a madeira. Eles mataram muitos Ashaninka; violentaram mulheres e garotas. Como não havia a presença do Exército brasileiro naquela área remota do país, então os Ashaninka decidiram lutar. Os negociantes de drogas e madeiras possuíam armas, mas os Ashaninka possuíam apenas zarabatanas, armas de sopro feitas de bambu, e arcos e flechas. Eles pensaram que não conseguiriam enfrentar os invasores e que a derrota era inevitável. Então, um dia, no meio de uma reunião dos líderes Ashaninka, um homem teve uma ideia; ele disse: *"Nós temos a arma mais poderosa – a Internet"*. Então eles decidiram enviar um e-mail ao Presidente Lula e aos líderes da sociedade envolvidos com os povos indígenas. Contaram sobre a invasão dos traficantes e madeireiros peruanos e pediram sua ajuda para preservarem a soberania do território brasileiro. Alguém no escritório do Presidente leu o e-mail e o enviou ao Exército brasileiro. O Exército enviou helicópteros e os invasores fugiram de volta para a fronteira. Os Ashaninka venceram a guerra graças ao e-mail.

A Comunidade Zapoteca no México

O CDI possui sete centros na região de Oaxaca no sul do México. Um de nossos centros está em uma comunidade zapoteca, um povo indígena em uma das remotas aldeias da região. Nos tempos pré-colombianos a civilização zapoteca era uma das culturas altamente desenvolvidas da Mesoamerica, que, entre outras coisas, incluía um sistema de escrita. Através de seu centro CDI, eles aprenderam a usar a Internet. Eles acessam a Internet e divulgam as informações e notícias ao povo através de alto-falantes. Um dia, algumas freiras francesas foram visitá-los e aprenderam que apesar de sua antiga invenção de um sistema de escrita, eles não possuíam um dicionário. Os zapotecas queriam documentar seu idioma, para que ele não se tornasse extinto; então as freiras retornaram a Paris e através da colaboração com as pessoas locais e o centro CDI, com a utilização da Internet, eles criaram o primeiro dicionário zapoteca-espanhol.

> *"Os zapotecas usaram a Internet para lutar contra a corrupção."*

Há um outro exemplo poderoso de como os zapotecas aplicaram o que aprenderam no CDI numa ação social a fim de ajudar sua comunidade. Eles receberam uma doação de dois milhões de pesos do governo federal mexicano; mas o dinheiro nunca chegou a eles. Eles usaram a Internet para investigar o que ocorreu com o dinheiro. Através de pesquisas nesta rede descobriram que o dinheiro saiu do governo federal para a prefeitura de Oaxaca e que o prefeito desta cidade o havia roubado. Usando a Internet, eles mobilizaram e informaram aos cidadãos de Oaxaca o que havia ocorrido. Os cidadãos, então, pressionaram o prefeito e ele renunciou; ele também devolveu o dinheiro. Os zapotecas usaram a tecnologia para lutar contra a corrupção. Através da e-mobilização, os cidadãos ajudaram a remover um político corrupto e recuperaram os recursos. Outro exemplo poderoso do uso da tecnologia em combinação com a ação social.

Há muitos exemplos desse tipo nos centros do CDI ao redor do mundo, onde os estudantes mobilizaram a comunidade para limpar rios e lagos, para livrar a comunidade de drogas, quadrilhas e prostituição – muitas, muitas coisas. A missão do CDI é estimular e capacitar o povo local. As pessoas estão mudando vidas e melhorando suas comunidades utilizando a metodologia do CDI. Este é um modelo poderoso que podemos replicar fácil e rapidamente. Ele transcende culturas e geografias e dá às pessoas as ferramentas para que elas controlem suas vidas, superem seus obstáculos e mudem suas realidades.

Uma Visão de Inclusão

"Nosso mundo tem um grande desafio; 79% das pessoas em nosso planeta estão excluídas digitalmente."

A visão do CDI é de crescer e se expandir continuamente – fazer nossa parte e ensinar tantas pessoas quanto pudermos para que se tornem fazedoras de mudanças. Nossa meta de expansão é aperfeiçoar e continuar com nossa metodologia proprietária do CDI e aplicá-la através de novos canais para atingirmos mais pessoas. Estamos aperfeiçoando nossos centros do CDI para oferecermos mais cursos em tecnologia, engajamento social e estamos oferecendo mais serviços. Estamos criando Unidades Sociais de Negócios em todos os centros para promovermos e criarmos microempreendimentos. Nesses centros de serviços comunitários as pessoas das comunidades locais fornecem serviços como: criação de cartões de visita, materiais de marketing, desenvolvimento de websites, cópias de DVDs, e-aprendizado, e-governo, e-saúde e reparo e manutenção de computadores.

Nossa maior oportunidade de crescimento é através da criação de novos canais para a promoção da inclusão digital. Durante os últimos 15 anos nós aprendemos com os nossos 803 centros comunitários do CDI; temos muita experiência e know-how. Em agosto de 2009, fizemos uma análise para determinar qual o maior potencial de crescimento para inclusão digital. Concluímos que existe ainda uma razoável quantidade de diferentes canais para atingirmos pessoas atualmente: cafés Internet, escolas e telecentros. Então tomamos a decisão de continuar nosso trabalho proprietário em nossos centros CDI e abrir a fonte de nossa metodologia CDI através desses novos canais.

Em 2009 nós lançamos uma nova divisão do CDI focado em Cafés Internet – CDI LAN Houses. Essa é uma nova abordagem para a promoção da inclusão digital. Os cafés Internet estão crescendo a uma taxa fenomenal em países em desenvolvimento. No Brasil, temos mais de 110 mil cafés Internet. A maioria deles é de microempreendimentos iniciados por empreendedores locais da comunidade. Desde que lançamos essa nova divisão em 2009, o CDI formou sócios afiliados em todos os estados brasileiros. Nossos afiliados atendem mais de 800 mil pessoas por mês. Com essa estratégia, planejamos possuir 500 CDI LAN Houses (cafés Internet), 3.000 CDI telecentros e 3.000 escolas CDI para amplificarmos o impacto de nosso trabalho. Obviamente, o CDI não pode impactar diretamente os 79% de pessoas em nosso planeta que ainda estão digitalmente excluídas, mas podemos fazer nossa parte.

Podemos também inspirar outras pessoas a se comprometerem a resolver esse problema. Bill Drayton, fundador da Ashoka, que inventou o conceito de empreendedores sociais, acredita que o poder mais importante de um empreendedor social não é apenas seu trabalho ou apenas realizar sua visão, mas sim a inspiração que ele espalha em milhares de outras pessoas. Assim, o CDI pode ser também como uma grande pedra jogada em um lago, criando um forte efeito de onda. A alma do CDI é dar às pessoas as ferramentas para que elas se tornem agentes de mudança para transformarem suas vidas e suas comunidades. Nossa visão final é a de criar e incubar agentes de mudança para usarem a tecnologia a fim de criar uma onda que se espalhe pelo mundo.

> *"Mas nossa visão final é a de criar e incubar agentes de mudança para usarem a tecnologia a fim de criar uma onda que se espalhe pelo mundo."*

O que estamos fazendo pode ser feito em qualquer lugar, em todas as culturas, países e comunidades, em comunidades ricas, de classe média ou pobres – em todas as classes sociais e em toda empresa ou organização.

Acreditamos que esta é uma das maneiras mais eficientes, efetivas e completas para fazer com que uma mudança positiva aconteça.

Valores

O que mais Importa na Vida

O que eu mais valorizo é a minha paixão; minha paixão cria o entusiasmo e o comprometimento. Em segundo lugar vem o empreendedorismo; para mim, isso significa pegar as visões, inspirações e sonhos e torná-los realidade – fazer as coisas acontecerem. A terceira é a colaboração – trabalhar de forma participativa com centenas de milhares de pessoas. Raul Seixas, um cantor de rock brasileiro, tem uma canção que diz: *"Se você sonhar sozinho será apenas um sonho. Mas se você sonhar com outras pessoas, o sonho poderá se tornar realidade"*. Meu objetivo é criar aquele tipo de rede com centenas de milhares de pessoas mobilizadas pela nossa visão e valores fundamentais.

Obstáculos

"Minha atitude não é: Oh meu Deus, um obstáculo."
"Minha atitude é: Oh meu Deus, uma oportunidade."

Eu sempre vejo os obstáculos como oportunidades. Minha atitude não é "Oh meu Deus, um obstáculo. Minha atitude é "Oh meu Deus, uma oportunidade". No início do CDI nosso maior obstáculo era criar a conscientização; convencer as pessoas de que a tecnologia pode transformar vidas; podemos trabalhar juntos com tecnologia no campo social.

Compondo esse desafio, o início da década de 90 foi uma época em que o Brasil tinha líderes fantásticos que promoviam a responsabilidade social recebendo e doando roupas e comida para as pessoas pobres, e eu estava falando sobre empreendedores sociais capacitados, autossustentáveis e autogerenciáveis. Isso era um novo paradigma que exigia uma mudança de mentalidade. Então, para comprovar esse novo conceito, nós decidimos trabalhar nos primeiros dois anos sem dinheiro; apenas com voluntários e computadores doados.

Hoje, o maior desafio é o levantamento de recursos, não apenas para nós, mas também para todos os empreendedores sociais de atividades sem fins lucrativos no mundo todo.

Então estamos consistentemente escrevendo propostas, buscando parcerias para continuar nosso trabalho.

Mentores

Mãos que ajudam ao longo do caminho

Três pessoas que me inspiraram ao máximo: o primeiro é **Gandhi**. Ele é um modelo, ele foi um empreendedor social e espiritual. Ele criou uma ligação entre a ação espiritual e a social. O segundo é **Martin Luther King**. Ele nos ensinou a sonhar e a acreditar em nossos sonhos. Ele mudou nossa conscientização e nos inspirou a criar um movimento para melhorar os direitos humanos não somente nos Estados Unidos, mas em todo o mundo. O terceiro é **Bill Drayton,** o fundador da Ashoka, uma comunidade global de pessoas que trabalham para mudar os mais urgentes problemas sociais do mundo. Ele fundou a Ashoka em 1981. É uma organização sem fins lucrativos que apoia o empreendedorismo social. Bill é um catalisador da revolução *"Todos são agentes de mudança",* que defende a mudança da liderança da elite para que se espalhe para todos. Bill é um incrível visionário. Como um antigo consultor da McKenzie, ele criou e plantou o conceito de empreendedores sociais. Atualmente a Ashoka possui mais de 2.500 empreendedores sociais em mais de 60 países.

Através da minha vida eu tive muitos outros mentores que me inspiraram. **Meu avô** foi uma inspiração para mim; ele era um pastor metodista. Sua vida inteira foi dedicada a educar e servir as pessoas em sua igreja e sua comunidade. **Meu pai** era uma inspiração. Ele veio de uma família muito pobre em São Paulo e cresceu, tornando-se diretor de tecnologia de grandes empresas, inclusive a IBM. **Betinho** me inspirou, ele era um incrível líder social no Brasil. Ele criou um movimento social poderoso para alimentar os pobres, que resultou em uma mudança em larga escala no Brasil. Ele fez isso vivendo com uma doença que o debilitava, terminal. Ele era hemofílico e contraiu AIDS de uma transfusão de sangue. Nos seus últimos 5 anos de vida ele estava muito doente e frágil, mas possuía uma visão forte e poderosa que energizava e abastecia seu trabalho.

Empreendedores sociais comunitários no CDI me inspiram. Ver como eles transformaram suas realidades superando tremendos obstáculos é fantástico. E, é claro, os **funcionários e sócios do CDI** me inspiram. Recentemente tivemos nosso encontro anual de uma semana com 200 pessoas da rede CDI. Tivemos encontros de planejamento, workshops e celebramos. No último dia da conferência, nós formamos um grande círculo e todos deram seu testemunho. Imagine 200 adultos chorando, abraçando-se por mais de uma hora. Foi uma fantástica energia, nós nos sentimos como se fôssemos um.

"Imagine o poder e o potencial desse meio para transformar vidas. Se formos sábios o suficiente para tocarmos no poder de Deus dentro de nós – a força que criou o Universo –, nós podemos mudar o mundo."

Meu mais poderoso mentor é **Deus** – a força incrível que criou o Universo. Acredito que os seres humanos foram criados à imagem de Deus. Quando nos conectamos com Deus, o poder dentro de nós, podemos ver enormes possibilidades e fazer coisas incríveis. Em dezembro de 2009, eu jantei com Tim Berners-Lee, o cientista de computadores inglês e professor no MIT, creditado com a invenção da World Wide Web. Tim também é o diretor do Wide Web Consortium (W3C), que supervisiona o contínuo desenvolvimento da Web. Durante o jantar, Tim começou a falar sobre a quantidade de websites no mundo hoje e os milhões de mentes, com milhões de neurônios, que desenvolveram os sites. Quando penso sobre isso, ele disse, penso sobre um potencial fenomenal. Durante o último século, os cientistas têm estudado as complexidades e o potencial da mente. Imagine a complexidade e o potencial da web, com todas essas mentes e neurônios alimentando-a. Imagine o poder e o potencial daquele meio para a transformação de vidas. Se formos sábios o suficiente para tocarmos no poder de Deus dentro de nós, a força que criou o Universo, podemos mudar o mundo.

Grandes Aprendizados

O poder do amor

Acredito firmemente que nada sou sem amor. Tudo na minha vida é sobre o amor – a energia que transforma. Sou apenas um instrumento, uma ferramenta. Em 2002 fui solicitada a fazer um discurso de encerramento no Fórum Econômico Mundial em Davos, Suíça. Eu nunca estudei inglês ou espanhol – eu os aprendi falando, na prática, então comecei a entrar em pânico. Perguntei a mim mesma como eu ia fazer o discurso de encerramento. Eu meditei e pedi a Deus que falasse através de mim. Eu fiz o discurso em inglês, usando palavras muito simples. As palavras tiveram um efeito poderoso sobre a audiência. A energia que fluiu através de mim foi o amor.

O Fórum Econômico Mundial da América Latina ocorreu no Rio de Janeiro em 2009. Eles me pediram para levar os CEOs para visitarem uma favela. Nós pegamos dois ônibus cheios com 60 CEOs escoltados por policias em motocicletas. Quando entramos na favela, a polícia parou do lado de fora e nós prosseguimos para o interior da comunidade. Paramos em frente a um de nossos centros CDI e a polícia permaneceu com os ônibus e eu escoltei os 60 CEOs para o centro. Os traficantes de droga, com suas grandes armas visivelmente colocadas sobre seus corpos, nos acompanharam como proteção. Nós havíamos ganhado a sua confiança porque eles viram o bom trabalho que estávamos fazendo na comunidade. Visitamos o centro CDI e ouvimos incríveis testemunhos sobre como as pessoas estavam transformando suas vidas através da tecnologia e do uso dos direitos dos cidadãos.

Então, no caminho de volta para os ônibus, um dos CEOs pegou uma câmera e eu lhe disse que eles não permitiam fotografias. Entretanto, quando entramos nos ônibus, outro CEO pegou sua câmera e tirou uma foto. Naquele momento, era possível sse entir a energia negativa tomando conta do ônibus. Os traficantes viram o CEO tirando fotos e decidiram entrar no ônibus e recolher todas as câmeras. Imagine o incidente internacional que isso provocaria. Naquele momento, comecei a meditar e a encher o ônibus com energia positiva, com amor. Eu mantive a visão daquele amor preenchendo o ônibus e a comunidade. Minha energia começou a interagir com a das outras pessoas no ônibus e na comunidade. Os traficantes ficaram mais gentis e saíram do coletivo. Acredito que podemos ser instrumentos para tudo; podemos receber toda essa poderosa energia do amor. Imagine o que poderíamos fazer, se todos entrássemos em nós mesmos e deixássemos o amor fluir – poderíamos transformar nosso mundo.

Uma Mensagem

Aos cínicos

Imagine suas crianças, seus netos, se você nada fizer para ajudar a mudar nosso mundo. Que tipo de mundo você deixará para eles? Se não mudarmos a direção para a qual estamos indo, seus filhos e netos viverão em um planeta muito ruim; mudanças climáticas, águas impuras, ares poluídos. Imagine a vida desastrosa que eles serão forçados a viver. Você pode fazer algo agora para mudar esse cenário. Se você pensar somente sobre negócios, dinheiro e poder, estamos indo para o desastre. Assim, se uma empresa faz um IPO ela precisa provar que é socialmente responsável e apoia a sustentabilidade.

Uma das melhores maneiras para inspirar e motivar os funcionários é permitir-lhes a se engajarem em trabalhos voluntários em suas comunidades. As pessoas estão mudando, elas não querem viver e trabalhar somente pelo dinheiro; elas querem se realizar. Assim, as empresas precisam mudar; as organizações precisam mudar e os governos precisam mudar. O mundo está nos fornecendo um recado poderoso: tsunamis, furacões, terremotos, vulcões e mudanças de temperatura. Então precisamos cuidar de nossos corpos, nossas ruas, nossos compromissos, e nosso mundo. Precisamos desenvolver uma profunda empatia pelo nosso ambiente e pelo próximo.

Aos jovens

Eu desejo que os jovens sonhem; que acreditem em seus sonhos e tenham a fé para tornar seus sonhos uma realidade. Esta é a forma mais importante de transformar suas vidas e serem felizes.

Visão para o Mundo

"Minha E-topia"

Minha visão pessoal é a de mobilizar e ensinar centenas de milhares de pessoas em todo o mundo, para se tornarem agentes de mudança. Se usarmos a tecnologia como uma ferramenta do direito do cidadão, nós podemos não apenas mudar as vidas das pessoas nas comunidades de baixa renda; acredito que podemos mudar o mundo. Acredito que podemos conquistar mais liberdade e igualdade para todos – essa é minha E-topia. Minha visão para o mundo é de um mundo surpreendente, lindo, sustentável onde todos os seres humanos vivam como irmãos e irmãs ; um mundo onde possamos sentir uma responsabilidade compartilhada para trabalharmos juntos a fim de construirmos o mundo de hoje – e o mundo do futuro. Eu vejo um mundo onde nós conscientemente consideremos todas as ações e decisões que tomarmos à luz do impacto que elas terão sobre o futuro. Acredito que nosso mundo hoje é um automóvel em alta velocidade se dirigindo a um despenhadeiro. Precisamos mudar a velocidade e a direção para a qual estamos nos dirigindo. Precisamos inspirar as pessoas a estourarem a bolha narcisista na qual todos estamos. Quando estamos vivendo, tomando decisões e agindo dentro de nossas bolhas narcisistas, isso afeta a todos: nossas famílias, nossas comunidades, nosso meio ambiente, e a nós mesmos.

"Em algum nível, estamos todos famintos por nos conectarmos."

Precisamos todos nos ver como um conectado com o todo. Em algum nível, estamos todos famintos por nos conectarmos. Por isso criamos a Internet e por isso ela cresceu exponencialmente. Fomos feitos para nos conectarmos; nossas mentes foram feitas para se conectarem umas às outras. Precisamos desse tipo de atitude, mentalidade e consciência – para permitir que a próxima geração de seres humanos possa vir. Estou otimista. Sei que podemos fazê-lo; acredito que iremos fazê-lo. Estamos vivendo em uma época fantástica na história da humanidade; temos os meios e se encontrarmos a determinação, podemos criar um mundo maravilhoso.

A Equipe do CDI

Apaixonadamente Compromissados com o Sonho

*À medida que eu continuava minhas entrevistas, fiquei surpresa de ver que **todos** os membros da equipe do CDI compartilham apaixonadamente a visão de Rodrigo e seus valores. Suas próprias histórias de vida os levaram ao CDI onde eles se conectaram com outros que dividiam seu sentimento de propósito, sua paixão e seus valores, e, então, a sincronicidade entrou em ação.*

A visão magnética do CDI atraiu essa equipe de pessoas altamente competentes e compromissadas. Elas vieram de diferentes estados do Brasil e de diferentes países ao redor do mundo. Elas viajaram para o México, Índia, Uruguai e para a cidade de Nova Iorque; todas abandonaram carreiras de sucesso e oportunidades para ganharem muito dinheiro. Em vez disso, elas escolheram seguir o seu sonho: a visão de **Transformar Vidas Através da Inclusão Digital.**

Mauricio Davila

*Diretor para Desenvolvimento
Institucional e Internacional*

*"Qual é minha proposta na vida?
O que me fará feliz?"*

Eu tinha 10 anos de uma carreira muito bem-sucedida no setor privado, trabalhando para a Procter & Gamble no México, América Latina e depois em Londres. P&G é uma companhia global baseada nos Estados Unidos e eu tinha muitas oportunidades de crescer com a empresa. Mas à medida que eu olhava para o futuro eu me via avançando e ganhando dinheiro, mas eu não me via realizado. Eu comecei meu interrogatório pessoal: *Qual é minha proposta na vida? O que me fará feliz?*

Decidi sair da empresa e iniciei minha própria ONG. Com a ajuda de alguns amigos, desenvolvi uma organização para promover uma valorização da cultura latino-americana no Reino Unido. Foi uma incrível experiência; tínhamos uma ótima recepção das pessoas no Reino Unido. As pessoas se engajaram e se interessaram em nossa missão. Elas queriam conhecer mais sobre a arte, música e cultura da América Latina – foi um grande sucesso. Através daquela experiência, eu comecei a aprender sobre minhas paixões na vida; o que mais me importava. Descobri que minha paixão era a América Latina – minha identidade é a América Latina. Sou mexicano, mas minha identidade evoluiu primeiramente para a América Latina e depois para o México. Então comecei a constatar que eu queria fazer algo significativo para os latino-americanos. Então voltei para os estudos e obtive meu grau de mestrado em Desenvolvimento Latino-americano. Através dessas experiências descobri minha segunda paixão: imaginei um mundo sem pobreza.

> *"Através dessas experiências descobri minha segunda paixão: Imaginei um mundo sem pobreza."*

Eu defino a pobreza não somente em termos econômicos, mas também como a falta de oportunidades. Tantas pessoas no mundo não têm oportunidades. Precisamos levar oportunidades às pessoas e deixá-las escolher. Então, quando concluí meu mestrado, decidi mudar para o setor social; eu queria me tornar um empreendedor social. Exatamente naquele momento, recebi um e-mail me informando que o CDI estava procurando por alguém para ajudá-lo a se expandir na América Latina. Eu me lembro de estar sentado à frente do meu computador, olhando para o vídeo no website do CDI sobre seu trabalho na América Latina. Eu vi que o foco de seu trabalho era impactar as comunidades pobres e marginalizadas. Eu também vi a paixão de Rodrigo. Eu disse para mim mesmo: *"é isso, isso sou eu, eu sou o indicado".*

Eu chamei Rodrigo e lhe disse para parar de procurar por candidatos para a posição: *"Eu sou a pessoa que você está procurando"*. Ele me perguntou quem eu era e eu lhe disse. *"Sou a pessoa para fazer esse trabalho"*. Passei pelo processo de entrevista e após algumas semanas, eles me ofereceram a posição. Eu entrei para o CDI há dois anos e meio e eu o amo; eu amo cada minuto aqui. Amo meu trabalho, está totalmente alinhado com minhas duas paixões: fazer uma diferença na América Latina e ser capaz de trazer oportunidades para pessoas que vivem na pobreza. Eu peguei o emprego e, quando sentei com Rodrigo, aprendi que meu trabalho não era apenas o de expandir o CDI na América Latina, mas no mundo todo. Fiquei estático!

O CDI afetou profundamente a minha vida. Ele me permitiu fazer o trabalho que amo. Eu tenho um trabalho incrível, trabalhando com pessoas extraordinárias, fazendo um trabalho que me realiza profundamente. E eles me pagam um salário. Eu recebo pagamento para fazer o que amo. O CDI também me ensinou a ser um líder, a ser bravo e a ajudar a levantar a voz das outras pessoas. Essa experiência me ensinou a sonhar alto e tornar aqueles sonhos realidade. Agora tenho sonhos cada vez maiores – e farei aqueles sonhos se tornarem realidade.

Eu não tenho nem pensado sobre minha vida anterior – minha vida antes do CDI. Nesses dois anos e meio eu tenho trabalhado para o CDI –

não posso esperar para acordar todos os dias para realizar esse trabalho. Tem sido um privilégio participar de uma organização como esta. Eu me lembro quando Rodrigo disse que meu trabalho era expandir o CDI pelo mundo. Eu tinha tantas perguntas, como faríamos isso? Estou aprendendo a fazer isso. Hoje eu me vejo como um líder, um empreendedor social ajudando a mudar o mundo.

Minha Visão para o CDI 2016

O mundo está melhor por causa do CDI. As pessoas no mundo estão interconectadas; elas estão aprendendo umas com as outras e estão fazendo grandes avanços em suas comunidades. O CDI está em 4 regiões: as Américas (do Norte, Central e do Sul), Europa, África e Ásia – com foco no Oriente Médio. O CDI possui pelo menos um centro em cada um dos países mais importantes nessas regiões. Somos totalmente sustentáveis e independentes.

"Como pode uma organização da América Latina contribuir para comunidades no Reino Unido?"

Nosso crescimento e nossa expansão são abastecidos pelos empreendimentos bem-sucedidos nos centros CDI e nas comunidades. Nós temos demonstrado que uma organização criada no Hemisfério Sul também pode contribuir para o desenvolvimento econômico dos Estados Unidos e do Reino Unido; que o desenvolvimento social pode ir na direção oposta. Pode ir no caminho contrário – não somente do norte para o sul. O CDI é como a Internet, nós nos movemos como uma nuvem. Nossa metodologia é suficientemente flexível para se adaptar às realidades sociais e aos desafios de qualquer economia.

Um exemplo disso hoje: nós acabamos de abrir nosso 5º centro CDI no Reino Unido. Quando começamos o CDI no Reino Unido, as pessoas disseram: *"Como pode uma organização da América Latina contribuir para comunidades no Reino Unido?"* Após dois anos de atividade no Reino Unido, temos 5 escolas-piloto lá.

"Nossa visão é dar às pessoas em comunidades de baixa renda a possibilidade de criarem aplicativos que mudem seu mundo – aplicativos para sempre."

Outra coisa que estamos fazendo é *Aplicativos para Sempre*. Nós estamos pilotando isso no Reino Unido. Estamos levando nosso modelo confiável e testado baseado no PC para a Internet móvel. Nossa visão é a de dar às pessoas em comunidades de baixa renda a possibilidade de criarem aplicativos que mudem seu mundo – Aplicativos para sempre.

Para conseguirmos isso, iremos começar com pequenos grupos de jovens em comunidades carentes no Reino Unido que não estejam empregados ou com educação formal. O CDI vai desenvolver um novo currículo que aproveite as vantagens da multimídia e da capacidade de geolocalização dos smartphones assim como da atratividade desses telefones para os jovens.

Usando o processo de 5 passos do CDI, de análise de comunidade, definição do problema, desenho da solução, mobilização social e avaliação do impacto, cada grupo de estudantes aprenderá e aplicará uma série de competências analíticas, técnicas, criativas, de raciocínio, planejamento e avaliação que lhe permitirá montar seus negócios ou optar por trabalhar em educação ou emprego após ter completado o curso.

O protótipo inicial e o refinamento do programa irão ocorrer durante um período de 12 meses. Baseado no aprendizado e nos resultados desse programa, planejamos seu lançamento completo como CDI Mobile no Reino Unido durante o ano de 2010.

Eu me sinto muito orgulhoso dessa realização. No Reino Unido, nós focamos atualmente nos smartphones, mas a tecnologia é muito poderosa, e está sempre evoluindo, explodindo. Mas ela é apenas uma ferramenta; a desculpa para transformarmos vidas e comunidades.

Uma Visão Pessoal

Ao longo do tempo, eu me vejo como um líder social fazendo a diferença na América Latina. Eu gostaria de ver a América Latina integrada a partir da base da pirâmide – não dirigida do topo para baixo mas da base para cima. Eu gostaria de estar bastante envolvido nesse processo. Diferentemente de outras regiões do mundo, os países latino-americanos possuem muitas coisas em comum. Quando eu, como um mexicano, encontro alguém do Peru, ou do Chile ou do Brasil, temos uma profunda conexão. Primeiro, nós não temos uma barreira de idiomas; mesmo as pessoas que falam português conseguem entender o espanhol. Nós também temos uma história similar, assim como culturas e aspirações; há muitas coisas que nos conectam. Entretanto, como sociedade civil, nós não temos sido ativos o suficiente para dar forma ao nosso futuro. Então, o que desejo ver, como um líder, é uma visão para mobilizar a sociedade civil da América Latina para formatar nosso futuro e *atuar* como uma região.

Valores Fundamentais

Integridade é o mais importante – Ser verdadeiro consigo mesmo e operar com um elevado grau de consistência. Por ser a integridade um valor muito importante eu gostaria de vê-la cultuada na América Latina. Quando operarmos com integridade seremos mais respeitosos com nosso povo e a riqueza será distribuída com maior igualdade. A integridade tem que ser consistente em todos os níveis. Por exemplo: ser pontual. Isso parece ser uma coisa pequena, mas é basicamente um assunto relativo à integridade. Também quando uma pessoa diz que vai fazer alguma coisa, ela o faz ou explica por que não pode fazê-la – nós temos um acordo. A integridade leva à credibilidade e à verdade. É a base do meu relacionamento com outra pessoa.

Amor é um valor fundamental – O amor esteve sempre presente em minha família toda a minha vida. Criar e seguir o amor na vida é muito importante. Eu amo as pessoas e amo o que faço. Eu gostaria que todos vivessem com amor. Quando as pessoas fazem o que amam, isso cria a paixão.

Eu estou fascinado sobre como traduzimos o amor em uma organização em comportamentos. Eu não tenho as respostas ainda, mas tenho refletido onde vi amor em uma organização – você sabe e o sente quando ele está lá. O amor estava presente quando visitei a casa de recuperação juvenil onde estava Wanderson da Silva Skrock. Wanderson havia sido um interno daquela casa de recuperação e hoje é um coordenador do CDI. Foi um lugar terrível, localizado em uma comunidade muito pobre. Havia dois quartos onde eles dormiam; eles tinham uma biblioteca com 10 livros e um campo de futebol sem qualquer equipamento. Então eu fui para a sala de TI, ela estava viva, era um espaço inacreditável. Havia gente jovem criando músicas, na Internet, surfando na web, estudando – a sala estava cheia de energia. Era incrível como aqueles jovens se relacionavam com Wanderson. Eles o viam como o seu herói.

Wanderson descobriu que um dos garotos tinha talento para a música e o ensinou como usar a tecnologia para compor. Alguns meses depois, seria o encontro anual do CDI e Wanderson convidou aquele garoto (que já havia sido libertado da casa de recuperação) para ir e tocar música e cantar para a organização. Eu me lembro do rapaz cantando sobre liberdade e Wanderson sentado na primeira fila, cheio de orgulho, chorando de alegria. Aquele foi, para mim, um fato que mostrou a presença do amor em uma organização.

Liderança é muito importante. Eu gosto de ver pessoas assumindo a liderança em suas famílias e comunidades. Precisamos criar uma visão para nós mesmos e para os outros. Acredito que a liderança pode ser desenvolvida. Uma vez que as pessoas percebam que possuem a capacidade de liderar, elas assumem a responsabilidade. Eu também acredito em liderança compartilhada. Acredito em comunidade – o poder das pessoas de fazerem as coisas pelas quais elas são apaixonadas para transformarem suas comunidades – é uma forma importante de liderança.

Obstáculos

Eu gosto de pensar sobre os obstáculos à minha frente; eu já venci os obstáculos atrás de mim. Um grande obstáculo que poderia tornar mais lenta a expansão do CDI é a maneira pela qual as organizações sociais e as ONGs são criadas atualmente. Mas nós transformamos aquele obstáculo em uma oportunidade. Nós nos comprometemos em tornar os centros e escolas independentes, autossustentáveis e autogerenciáveis. Eles estão sendo financiados pelos microempreendimentos – os serviços que eles oferecem às suas comunidades.

O próximo, como vamos continuar nosso crescimento e manter a qualidade enquanto nos expandimos é um desafio. Estou muito orgulhoso porque já expandimos, para 13 países, entretanto precisamos compreender melhor como passar pelo processo de escala e crescimento e manter a velocidade correta para mantermos a qualidade. Em 5 ou 6 anos nós vamos querer estar nessas 4 regiões; precisamos desenvolver um esquema de como chegaremos lá e isso é um desafio, não um obstáculo.

Após três anos de estabilidade no Brasil, precisamos expandir. A organização que temos hoje pode não ser a estrutura correta para crescer no Brasil. Nós precisamos nos expandir em outras áreas, onde não estamos presentes e através de outros canais como cybercafés (Lan houses), escolas e Telecentros (que usualmente são iniciativa dos governos). Precisamos colaborar mais com o setor público para alcançarmos mais pessoas e comunidades no Brasil. Novamente, isso não é um obstáculo; é uma grande oportunidade.

Uma Mensagem

Aos cínicos e sem esperança

Qualquer coisa é possível. Existe uma enorme oportunidade no mundo hoje, 79% das pessoas no mundo hoje são excluídas digitalmente. Elas não possuem o conhecimento, a confiança ou a habilidade para usar a tecnologia – e essa é a direção para onde o mundo está se movendo. Precisamos levá-las conosco. Você estará a bordo ou não? Se não estiver, saia do caminho.

Aos jovens

Tenho um tremendo respeito e admiração pelos jovens; pela maneira através da qual eles aprendem; a maneira pela qual eles interagem com a tecnologia. Eu os convido a participarem, a aprenderem coisas novas e dividirem o que eles estão aprendendo não somente com outros jovens, mas também com seus pais e suas comunidades. Eu os convido a ajudarem suas comunidades a aprenderem como elas podem usar tecnologias como o Facebook e o Twitter para ajudar nas suas mobilização e transformação. Eu sei que eles podem fazer a diferença, especialmente nas comunidades de baixa renda. Acredito que os jovens são nossa esperança para um mundo melhor.

Cinthya Game
Diretora de Operações

"Minha vida é um presente."

Eu entendo que a vida é um presente; por duas vezes na minha vida, quase morri. Quando tinha 17 anos, tive desidratação cerebral porque me tornei magra demais. A segunda vez eu estava com 27, o médico encontrou dois tumores no meu útero. Eu sinto o coração de Deus. Deus me deu o presente da vida e a tenho dedicado a ajudar outras pessoas. Minha paixão é elevar a capacidade dos cidadãos para que eles realizem seus sonhos. Eu tenho sempre trabalhado no setor social, para ONGs, grupos comunitários e como uma defensora do cidadão pelos direitos humanos. Minha família e meus amigos queriam que eu trabalhasse em empresa para aspirar a cargos onde eu poderia ganhar mais dinheiro. Essa não é a *minha* aspiração; minha paixão é ajudar pessoas.

Meu mestrado é em Novas Tecnologias Educacionais da Universidade de Alicante, em Madri, e meu Ph.D. é em Pesquisa de Educação Social. Eu ajudo as pessoas a construírem suas metas. Eu desenvolvi programas para a Hope for Children. Para meu projeto final de colação de grau desenvolvi um programa especial para crianças com leucemia, para ajudá-los a continuarem sua educação enquanto sob o tratamento de quimioterapia, para que elas não ficassem atrasadas. Tenho consultado a UNICEF enquanto trabalhando com a Fundação Equador, a maior ONG no meu país. Fui a cidadã representante para a Assembleia

Constituinte do Equador e representante de minha cidade sobre qualidade de educação junto ao Ministério da Educação do Equador.

"Quero me tornar uma amiga e uma sócia ajudando na construção do CDI."

Após ter concluído meu mestrado em Novas Tecnologias Educacionais, constatei o quanto eu gostava de tecnologia. Uma amiga me falou sobre o CDI. E eu estava tão fascinada pelo que eles estavam fazendo que decidi me tornar voluntária do CDI no Equador. Descobri a tecnologia para o povo; como a tecnologia pode ajudar o povo. Primeiro ensinei minha mãe e suas amigas e descobri uma maneira de ensinar as pessoas a utilizarem a tecnologia que fosse acessível a elas. Meu processo educacional era muito diferente do que estava acontecendo no escritório central do CDI. O CDI tinha ideias maravilhosas, mas necessitava ainda descobrir processos para poder colocá-las em prática. Então, pesquisei e desenvolvi processos que fizessem da tecnologia ferramenta de trabalho para as pessoas. Desenvolvi os processos, capturei informações e mensurei os resultados.

Quando fui aos retiros do CDI onde se reuniam todas as equipes de todo o mundo para compartilharem seus progressos e desafios, percebi que ele necessitava de uma estrutura organizacional, sistemas e processos, porque o CDI havia evoluído, tornando-se uma organização de grande porte. Em um retiro eu falei com Rodrigo e disse: *"eu quero me tornar uma amiga e uma sócia ajudando na construção do CDI"*. Ele concordou e trabalhei por um ano como voluntária no Rio para implementar esses processos. Eu estava viajando entre o Rio e o Equador – duas semanas no Rio e um mês no Equador. Eu me sentia em conflito, porque entendia que não era o ideal para mim ter meus pés em dois lugares. Eu precisava me dedicar totalmente em um lugar para gerar trabalho de qualidade. Em 2008 me mudei para o Rio de Janeiro e me tornei uma líder no CDI, trabalhando com todos os seus escritórios na região. Após Rodrigo ter constatado minhas habilidades de liderança ele me falou que precisava de mim na sede e me convidou para trabalhar em tempo integral como Diretora de Operações.

Hoje, meus pais e amigos estão muito orgulhosos de mim. Quando fui para casa no ano passado, em férias, meu pai e minha mãe me disseram: *"Você é muito especial; você é uma pessoa que pode ver e sentir uma ideia e fazer com que ela aconteça"*. É importante viver minha paixão; é isso que me realiza. Mas o mais importante na minha vida é minha filha

Natasha. Ela tem 7 anos; esse é o seu futuro mundo que estamos criando. Quero fazer um mundo melhor para ela e para os que vivem em torno dela.

Valores Fundamentais

Sinceridade: Reconhecer que não somos perfeitos e eu prefiro as pessoas que me digam as coisas como realmente são – a verdade, mesmo que machuque. É importante para as pessoas que sejam autênticas.

Respeito: Respeito por mim mesma me permite ter autoconhecimento. Também me permite aceitar as diferenças dos outros. As pessoas não são as mesmas porque cada pessoa tem seu objetivo na vida – e isso temos que respeitar.

Honestidade: A honestidade é o resultado dos primeiros dois valores. Honestidade, sinceridade e respeito são as bases para a colaboração entre as pessoas para construírem algo significativo em conjunto.

Obstáculos

"Sempre que pensamos estar fracassando, é na verdade apenas uma oportunidade para aprendermos."

As barreiras só existem em sua mente. As pessoas precisam seguir seus corações, mentes e desejos. Não existem limites; nem idade, cultura, geografia ou situação financeira. No momento que nos dermos conta disso, seremos capazes de construir um mundo melhor. Sempre que pensamos estar fracassando, é na verdade apenas uma oportunidade para aprendermos. O mundo está evoluindo a partir do bom e do mau. Eu senti isso muitas vezes na minha vida. Quando me senti sozinha e grávida, e um ser humano crescendo dentro de mim. Minha família não queria nada comigo. Tudo mudou quando minha filha nasceu. Hoje meus pais têm orgulho de mim e se sentem abençoados por me ter como sua filha.

Uma Mensagem

Aos cínicos e sem esperança

Cada momento apresenta oportunidades para nosso aprendizado e desenvolvimento. Se olharmos para o mundo de hoje, podemos examinar o que há de errado em nossos sistemas para que evitemos esses erros no futuro. Quando os sistemas estão falidos, como os que estamos presenciando pelo mundo, é uma oportunidade para invenção e inovação. É uma oportunidade para realmente criarmos um mundo melhor.

Aos jovens

Penso que eles possuem uma nova visão de um mundo que se move mais rapidamente; eles possuem uma mentalidade diferente, seus pensamentos estão focados no presente, na produtividade e na ação.

Penso que o mundo está em transição no momento. Não apenas de uma forma quantitativa, em termos de números e economia, mas penso que no fundo os seres humanos estão mudando em seu relacionamento com os demais. A tecnologia possibilitou novas formas de comunicação, criando novos canais de expressão e permitindo novas maneiras de demonstrar emoção e sentimento. Os seres humanos estão mais conscientes sobre como levar uma vida sustentável e responsável na Terra. As pessoas estão internalizando princípios, valores e estratégias, o que irá levar ao desenvolvimento de um mundo mais justo.

Romi Azevedo
Diretora de Marketing & Comunicação

"Depois que meu filho nasceu, eu estava procurando encontrar mais significado na vida."

Eu estou no CDI desde abril de 2009. Descobri o CDI porque depois que meu filho nasceu, eu estava procurando encontrar mais significado na vida. Eu estava inundada com pensamentos e sentimentos sobre como eu queria passar minha vida, e onde eu gostaria de contribuir com meu tempo, energia e meus dons. Passei muito tempo em contemplação. *"O que é realmente importante para mim na minha vida?"* Quando meu filho completou dois anos, eu sabia que tinha que tomar algumas decisões sérias. Meu filho nasceu com cidadania dupla – Estados Unidos e Brasil. O que realmente me atingiu foi a importância de meu filho escolher fixar sua vida no Brasil. A maioria das pessoas escolheria criar seu filho nos Estados Unidos porque lá há mais oportunidades, melhor infraestrutura e é um país do Primeiro Mundo. Mas eu queria ajudar meu filho a escolher permanecer no Brasil. Então, era importante para mim encontrar um lugar onde eu pudesse contribuir com meus talentos para fazer do Brasil um lugar melhor, mais seguro para o meu filho. Foi isso que profunda e emocionalmente me motivou a me comprometer com uma organização que estava fazendo a diferença na vida das pessoas no Brasil.

Eu também estava buscando mais significado na minha carreira. Havia trabalhado na indústria do entretenimento por 15 anos. Durante minha carreira inteira, eu havia lançado e gerenciado marcas de entretenimento no mundo todo na televisão, no cinema e na Internet. Eu estava em um momento em que me sentia muito pouco realizada. Precisava de mais propósito no meu trabalho. Um contato meu mencionou-me sobre uma posição em aberto no CDI. Eu já conhecia o Rodrigo do tempo em que eu estava trabalhando para uma empresa da Internet no início do ano 2000. Eu sabia sobre o trabalho dele e amava o que ele estava fazendo na época, mas eu não sabia o que ele tinha feito nos 10 anos seguintes. Encontrei Rodrigo e fiquei fascinada com o que ele havia criado e o impacto que tinha provocado nas vidas das pessoas. Rodrigo me contratou; foi uma grande combinação. O CDI precisava de uma pessoa de marketing e eu sentia a necessidade de contribuir com meus dons em um local onde eu pudesse realmente devolver à sociedade e fazer uma diferença no mundo.

> *"Trabalhar no mundo do entretenimento era divertido e sexy, mas nem de longe tão multidimensional ou significativo como neste mundo em que estou hoje."*

Eu fiz a escolha certa ao vir para o CDI. Penso que o que fazemos aqui é extraordinário. Todos os dias sinto que estamos realmente fazendo a diferença nas vidas das pessoas e contribuindo para nossa comunidade. No primeiro dia que comecei meu trabalho aqui, eu visitei uma escola CDI em uma favela no Rio. Aquela visita causou um tremendo impacto em mim. O que mais me tocou foi ouvir os testemunhos comoventes de pessoas passando por incríveis transformações. Era a primeira vez que eu visitava uma favela. Eu me casei com um brasileiro e o Brasil tem sido parte da minha vida social e profissional desde 1996, e, durante esses 14 anos, eu nunca tinha estado em uma favela. Eu nunca havia sequer falado com alguém de uma comunidade pobre do Rio. Então, essa era uma experiência nova para mim; era uma revelação. Naquele dia, eu percebi o poder que o CDI podia trazer para o mundo. É isso que me motiva estar aqui todos os dias.

Mas isso não significa que não há desafios para mim. Eu vim da indústria de entretenimento, algumas eram negociadas em bolsa de valores, então elas possuíam muitos recursos e infraestruturas fortes. Lidando com um mundo no setor não lucrativo, onde diariamente temos que lutar por recursos, tem sido um grande desafio. Mas agora já se passou um ano e quando penso sobre meu tempo aqui percebo quão feliz e realizada me sinto. Eu aprendi que o desafio de recursos limitados faz com que você se torne muito criativa. Eu mudei minha forma de ver as coisas; vejo a vida com olhos diferentes. Essa experiência não me ensinou apenas a ser mais flexível e mais criativa; ensinou-me também que nem sempre posso controlar todas as situações. Existem o caos bom e o caos ruim, e quando mudamos nossa maneira de pensar desse caos, muitas oportunidades podem irrigar a organização. No caos ruim, tenho um mantra para me lembrar por que estamos aqui e o que estamos fazendo. *"Estou doando meu tempo porque isto é importante. Cada pequeno passo que eu dou, provoca saltos na comunidade."* O que estamos fazendo aqui é mudar vidas. Não estou aqui pelo dinheiro – estou aqui para fazer uma diferença.

Este é um local estimulante para estarmos; nenhum dia é igual ao outro. Um dia estou na mesa com um executivo da SKYPE, e no dia seguinte com o presidente da Portela, uma das mais populares escolas de samba do Rio. No dia seguinte poderei estar conversando com alguém em uma favela. Ou em qualquer dia, posso ter uma reunião com pessoas de uma comunidade de base que estão compartilhando suas histórias, depois um grande executivo de algum lugar do mundo, que esteja interessado no que fazemos. É tão dinâmico! Trabalhar no mundo do entretenimento era divertido e sexy, mas nem de perto tão multidimensional ou significativo como neste mundo em que estou hoje. Eu amo o CDI. Eu sei que pareço com uma líder de torcida. Eu era líder de torcida no curso secundário e agora sou uma líder de torcida para o CDI; pela nossa missão, nossa visão e o impacto que estamos fazendo no mundo.

Valores

> *"Estou orgulhosa pelo fato de que estou vivendo meus valores. Estou muito orgulhosa da pessoa que me tornei."*

O que mais me importa é **trabalho em equipe** e **parceria**. Sou do tipo de pessoa que precisa de uma equipe, uma parceria efetiva com pessoas para que eu possa dar o meu melhor. No CDI nós todos temos uma meta em comum, estamos comprometidos com uma missão em comum e trabalhamos em equipe para que as coisas sejam feitas. Eu sinto desta maneira na minha vida pessoal também; a parceria com meu marido é muito importante para mim.

Honestidade e **sinceridade** também são muito importantes para mim. Eu realmente valorizo quando as pessoas falam a verdade e dão um retorno honesto. Acredito que a comunicação sincera e honesta está no coração de todos os relacionamentos.

Eu também valorizo o **comprometimento**; quando vejo pessoas que estão realmente comprometidas mutuamente e com uma ideia, isso me motiva a querer estar com essas pessoas. Estou orgulhosa pelo fato de que estou vivendo meus valores. Estou muito orgulhosa da pessoa que me tornei. Criei uma vida que é multidimensional: uma mãe, uma esposa e uma pessoa que encontrou um trabalho que contribui para o mundo. Também me cerquei com pessoas que são plenas de amor. Tenho muito cuidado quanto a com quem me cerco. Pude criar um círculo de amigos que são cheios de amor – na minha vida pessoal e no CDI. Meu círculo de apoio me permite ser uma boa mãe, uma boa esposa, uma boa filha, uma boa amiga e uma boa profissional. Estou muito orgulhosa de como organizei minha vida. Minha família, meu círculo de amigos e minha profissão estão alinhados em torno de meus valores fundamentais.

Venho de uma família de sobreviventes do Holocausto; sou uma americana de primeira geração. Sempre tive esta sensação forte de sobrevivência e preciso controlar minha vida. Tenho tido grandes expectativas sobre como minha vida deveria ser. Quando você é um sobrevivente do Holocausto, a educação é tão importante, construir sua carreira e investir em sua vida – essa maneira de pensar está no seu sangue. Muito cedo na vida eu me senti conectada ao mundo; sempre me senti uma cidadã do mundo. Minha família viajava o tempo todo e então, quando criança, eu via e aprendia dos povos do mundo inteiro. Mas eu cresci na América, onde tantos pensam que a América é a melhor e tem todas as respostas. Eu nunca me senti assim.

Quando descobri meu verdadeiro eu – a minha natureza –, percebi que existe beleza em todos os lugares e que ser uma americana não significa que temos as respostas. Hoje, eu tento me cercar com pessoas de diferentes culturas e pontos de vista. Eu cresço ao ser uma cidadã do mundo e sou guiada pelos meus valores. As decisões que tomei na vida refletem isso; a escolha de casar com um brasileiro e a escolha de fazer uma carreira que sempre foi internacional se originam daquele espírito de ser uma cidadã do mundo.

Minha Mensagem

Aos cínicos e críticos

Vocês estão prejudicando nossas vidas; vão para outro lugar. Os cínicos estão interferindo com tanta esperança e prejudicando o espírito de tantas pessoas. Saiam os cínicos – que venha uma nova geração, cheia de esperança e novas ferramentas como a Internet.

Aos sem esperança

Eu gostaria de dizer que nosso mundo está mudando e que ele está se tornando consciente, despertando para a mudança e criando mais equilíbrio. O mundo está despertando e há mais pessoas que se importam, assim olhem para dentro de si mesmos, porque há pessoas que estão aqui para ajudar.

Aos jovens

Vocês possuem muito poder para fazerem a mudança – para fazerem um mundo melhor. É necessário começar com a atitude *"Eu tenho o poder de fazer a diferença na minha vida e na vida da minha comunidade"*. E vocês deveriam usar esse poder. Como americana, vi a mobilização dos jovens por trás da campanha do presidente Obama e o impacto que eles tiveram no resultado daquela eleição. Testemunhamos uma tremenda força de espírito coletivo mudar a direção para a qual nosso país estava indo. Eu penso que o Brasil deve se inspirar naquilo. Precisamos deixar cair nosso cinismo e compreender que temos o poder para transformarmos nossas vidas, nossa comunidade e nosso país. Minha esperança é que venha uma nova geração de jovens que acreditem no poder do *"eu posso fazer a diferença"*, e eles se levantem e percebam que *"sim, nós podemos"* faz desta cidade um lugar melhor.

Minha Visão para o CDI

Nós produzimos agentes de mudança através de todo o mundo. Nós nos tornamos uma organização verdadeiramente global que é capaz de impactar vidas, não importando se ela está no Brasil, na China ou nos Estados Unidos. Eu penso que o modelo CDI é tão importante e eficiente que é sem fronteiras. Minha visão é que as pessoas no mundo conhecerão e compreenderão o que fazemos; o impacto que podemos fazer na vida das pessoas e nas comunidades. Eu sei que a visibilidade e a compreensão irão criar uma conexão emocional entre a melhoria da sociedade e o trabalho do CDI. A campanha de 15 anos do CDI é *Todo Mundo Pode Mais*.

Uma Visão para o Rio

O Rio é a mais bela cidade do mundo. Vejo o Rio em 2016 como uma cidade vibrante com todo o espírito que ela atualmente possui, mas também estando organizada, tendo uma sólida infraestrutura e seus cidadãos educados e instruídos. Eu nos vejo tendo a confiança de dar as boas-vindas, receber e nos relacionar com pessoas oriundas de todas as partes do mundo. Temos muito que fazer nos próximos seis anos, entretanto possuímos um ingrediente crítico – o espírito do Rio nos corações de todo o seu povo. Minha visão para o Rio é que seremos capazes de mobilizar cada parte individual da comunidade; cada vizinhança; cada pessoa; crianças, adolescentes, adultos e idosos e cada uma dessas pessoas dará a sua contribuição do seu próprio modo. Todas as comunidades são lugares seguros de boas-vindas, orgulhosas de mostrar sua vizinhança. Em 2016 o Rio será uma cidade vibrante, onde as pessoas sentirão não apenas nosso espírito, elas vão vivenciar as melhores Olimpíadas Internacionais que já aconteceram.

Maria Eduarda Mattar
Gerente de Projetos

"Nossa Joint-venture está mudando vidas através de cores e tecnologia."

Fui contratada há três meses pelo CDI para gerenciar o projeto de joint-venture AkzoNobel/CDI nas favelas do Rio. A missão do CDI é *"Salvando vidas através da inclusão digital"* e a missão da AkzoNobel é *"Levar a cor às vidas das pessoas"*. O nexo dessas duas missões são as pessoas e o desenvolvimento da comunidade. Quando colocamos essas duas visões juntas, nossa visão conjunta é a de mudar vidas através da cor e da tecnologia.

AkzoNobel, a maior empresa de tintas do mundo, começou o projeto em fevereiro de 2010. Ela é parte de sua campanha global de responsabilidade social, *para transformar lugares cinza com pintura colorida*. AkzoNobel foi ao vice-governador do Estado do Rio de Janeiro com a ideia de pintar as favelas com cores bonitas, para levantar o espírito das comunidades e para preparar o Rio para as Olimpíadas de 2016. O vice-governador sugeriu que eles fizessem seu projeto-piloto no Santa Marta, uma favela antes violenta no Rio de Janeiro, mas atualmente uma favela modelo, onde o governo do estado testa todos os novos projetos.

O Santa Marta serve como o laboratório para o projeto e o CDI está acompanhando esse projeto-piloto, para que possamos aprender com ele e levar essa joint-venture para quatro outras favelas no Rio. No Santa Marta, selecionamos 25 pessoas e lhes ensinamos conhecimentos sobre pintura.

Elas estão pintando uma das entradas da favela com cores brilhantes e belos desenhos. Quando você fica de pé na entrada do Santa Marta e olha para cima vê casas pintadas com raios bonitos de cores brilhantes. Essa é a entrada que os membros da comunidade usavam raramente porque estava sob o domínio dos traficantes de drogas e das gangues. O governo tem trabalhado para livrar essa área das gangues e dos traficantes; essa entrada maravilhosamente colorida representará um símbolo da mudança. Mas não é somente sobre cores. Os pintores estão aprendendo novas habilidades e estão se tornando conhecidos como agentes de mudança, transformando sua comunidade.

Ontem tivemos chuvas recordes e tristemente mais de 150 pessoas morreram de deslizamentos de lama em todo o Estado do Rio de Janeiro. No Santa Marta, por sorte, ninguém morreu, mas algumas casas ficaram em estado de risco. Lá, os pintores trabalharam como trabalhadores de ajuda comunitária para auxiliar seus vizinhos afetados por essa tragédia. Eles não somente ajudaram as pessoas com necessidades, eles fortaleceram a percepção das pessoas quanto ao projeto e ajudaram as pessoas a compreenderem e confiarem que essa iniciativa é realmente com a finalidade de construir uma comunidade. Na medida em que esse projeto seja expandido para mais favelas, o que fizermos precisará ser sustentável. Estamos usando as cores como um símbolo para traduzi-las como mudança social. E tecnologia para dar o poder às pessoas para se mobilizarem e resolver os problemas que afligem suas comunidades. Também estamos educando as pessoas para se tornarem defensoras dos direitos humanos para que suas vozes sejam ouvidas no governo, a fim de que políticas e leis sejam alteradas para ajudar sua comunidade.

> *"Minha visão é tornar o Rio a cidade mais colorida no mundo em 2016, não apenas a mais colorida por fora, mas também por dentro."*

Eu estou muito empolgada com o projeto Akzo/CDI porque eu percebi como as pessoas respondem quando cores são levadas às suas vidas, e eu tenho visto o poder da tecnologia para a mudança social. A cor e a tecnologia serão uma parte de todos os projetos que iremos lançar. Uma ideia é pintar alguns lugares simbólicos na comunidade, como os centros comunitários e as creches. Estamos também planejando um concurso de fotos onde as pessoas vão tirar fotografias de um grande problema enfrentado pela comunidade e a pessoa que fizer a melhor foto vai ter a casa pintada. A combinação de cor e tecnologia faz aparecer, de forma criativa, a identificação de problemas e desafios nas comunidades. O concurso gera entusiasmo e orgulho. Iremos então utilizar a metodologia e a tecnologia do CDI para pesquisar, mobilizar e resolver o problema.

Minha visão é tornar o Rio a cidade mais colorida do mundo em 2016, não apenas a mais colorida por fora, mas também por dentro. Isso significa colocar em prática as mudanças que "nós, o povo" do Rio precisamos. Não pode se limitar a apenas construir estádios, e melhorar a infraestrutura. Precisamos de mudanças sociais; desenvolvimento comunitário e humano para os cidadãos do Rio. O povo do Rio precisa participar e ser ator coadjuvante na preparação para as Olimpíadas, para que se obtenha uma mudança mais holística nesta cidade. Desta maneira, o povo do Rio poderá sediar com cortesia as Olimpíadas de 2016 e mostrar a cidade com orgulho, entusiasmo e tendo a consciência de que todos crescemos e nos desenvolvemos nesse processo.

Visão para o CDI

"Eu descobri minha verdadeira paixão: administração ambiental."

Sou uma jornalista, mas no ano passado enquanto completava meu trabalho de pós-graduação na universidade, descobri minha verdadeira paixão: administração ambiental. Comecei a escrever sobre mudanças climáticas e amei tanto que escolhi concentrar todo o meu trabalho em mudanças ambientais. Minha visão é a de integrar esta paixão no meu trabalho com o CDI. O CDI pode ser um defensor da tecnologia verde. Existe uma necessidade crítica de se repensar tudo; como desenvolvemos, produzimos e comercializamos os produtos. Todo o ciclo precisa ser reinventado para se tornar mais inteligente, mais eficiente e mais responsável do ponto de vista ambiental. O CDI está muito bem posicionado para fazer isso por causa de sua credibilidade, confiança das pessoas e legitimidade no trabalho com as comunidades. Podemos multiplicar nossas competências e nossa reputação desenvolvendo estratégias e ações na defesa da TI verde. O CDI já está influenciando as políticas públicas – políticas que possuem um propósito público. Deveríamos não somente defender o conhecimento e a conscientização ambiental, mas também tentar mudar leis para ajudar a fazer mudanças nas empresas privadas.

Valores

Minha filha Manuela é o que mais importa na minha vida. Quando perguntadas sobre valores, a maioria das pessoas escreve coisas como amor e paz. Minha filha significa tanto amor como esperança para mim – então ela é o que mais importa para mim na vida.

A coisa seguinte que eu valorizo é difícil de explicar em qualquer idioma; é difícil de colocar em palavras. Talvez a palavra seja **inspiração**. Eu gosto de estar em êxtase sobre alguma coisa que seja realmente importante; algo que me inspire a comprometer meu tempo, energia, coração e imaginação. Eu tenho tido muita sorte este ano. No ano passado eu estava muito para baixo, não me sentia realizada, e pensava o que ia fazer da minha vida. Eu queria que minha vida fizesse alguma diferença. Eu não preciso ser presidente do Brasil, mas eu queria sentir que estava fazendo alguma diferença nas vidas das pessoas. Então, em janeiro, Rodrigo me chamou e eu comecei a trabalhar para o CDI. Agora estou envolvida no projeto AkzoNobel/CDI.

Também faço parte do comitê que está organizando a primeira conferência da TED no Rio. A TED é uma fundação sem fins lucrativos, muito conhecida por suas conferências tanto ao vivo como na Internet, que destaca minipalestras sobre "ideias que valem a pena divulgar". Ela irá ocorrer no dia 8 de maio aqui no Rio. Isso tem consumido todos os meus finais de semana e noites e estou muito feliz; faz-me sentir muito bem! Quando colocamos no ar o website, pessoas de todo o Rio começaram a nos contactar desejando auxiliar, voluntariando-se de várias maneiras. Então agora meu trabalho com o CDI e meu trabalho com a TED me enchem de entusiasmo. Dá uma sensação muito boa ser parte de algo que mobiliza, inspira e ajuda as pessoas a crescerem e se desenvolverem.

> *"Quando você olha as pessoas nos olhos e diz por favor, obrigado ou desculpe-me, isso faz uma diferença."*

A terceira coisa que eu mais valorizo é civilidade e polidez. Eu realmente não gosto de pessoas que não têm educação. Pode parecer uma coisa pequena, mas eu acho que se relaciona a algo mais profundo – uma questão de respeito. Sempre que eu deixo minha filha com alguém eu pergunto a ela *"Quais são as três palavras mágicas?"*, e ela diz: *"por fa-*

vor, desculpe-me e obrigado". Nós conseguimos tudo que quisermos na vida quando somos polidos e respeitosos. Quando fui ao Santa Marta eles não me olharam como uma garota rica que não se relacionava com eles; as pessoas me escutavam. Quando você olha as pessoas nos olhos e diz por favor, obrigado ou desculpe-me, isso faz uma diferença. O pintor do Santa Marta é uma pessoa e deve ser tratado como um igual. Quando nos tratamos mutuamente com dignidade e respeito, é muito importante.

Obstáculos

Pode parecer um clichê, mas meus principais obstáculos estão dentro de mim; eu tinha que aprender a lidar comigo mesma. Algumas vezes eu não conseguia o que queria na vida porque eu não tinha clareza sobre o que queria, ou não tirava um tempo para realmente pensar do ponto de vista estratégico sobre alguma coisa. Penso que quando minha atenção fica sugada por coisas mundanas eu fico frustrada. Mais importante, tive que aprender como lidar com meus tempos de pontos baixos. Dois anos atrás, quando eu estava me sentindo em baixa porque tinha pouco trabalho, percebi que poderia transformar aquele sentimento em gratidão por poder passar mais tempo de qualidade com minha filha. Então meu principal obstáculo é aprender a cuidar de mim; meu tempo, minha atenção e como penso sobre meus altos e baixos.

Minha Mensagem

Aos cínicos

Aos cínicos – as pessoas que não acreditam que as coisas podem ser mudadas – eu diria: venham ver o que estamos fazendo aqui; venham ao CDI, venham ao Rio.

Aos sem esperança

Para aqueles que estão se sentindo sem esperança, eu diria: eu já estive lá. As coisas podem mudar, você pode mudar; não é para sempre.

Aos jovens

Respeito e boas maneiras são parte de algo maior, como seu caráter e sua personalidade. Eu lhes diria que somos todos seres humanos, tratem as pessoas como vocês desejam ser tratados. Quando nossa vida terminar não será seu emprego ou seu carro dos quais você vai se lembrar – será como você se relacionou com as outras pessoas. A última coisa que eu diria é para tentarem se divertir – a vida é muito melhor quando nos divertimos.

Visão para um Mundo Melhor

Meu mundo perfeito seria um mundo onde as pessoas pensassem mais antes de consumirem mais. As pessoas seriam muito mais respeitosas com o meio ambiente. Meu mundo perfeito teria muitas praias – muitas praias do Rio onde as pessoas poderiam apenas sentar e olhar o pôr do sol. No verão no Rio o sol se põe bem dentro do mar – e é quando as pessoas ganham uma perspectiva e ficam em paz com o ambiente e com as outras pessoas.

Eugenio Vergara
Codiretor CDI Chile

"... as enormes desigualdades no mundo são injustas, até mesmo brutais."

Minha viagem para o CDI, para este trabalho, foi abastecida por valores. Acredito que as pessoas que escolhem trabalhar em organizações sem fins lucrativos, cuja missão é ajudar pessoas, compartilham uma crença fundamental: que as enormes desigualdades no mundo são injustas, até mesmo brutais. Compreendemos quanto injusta e desequilibrada é a maior parte das sociedades pelo mundo. Se você teve sorte suficiente de ter nascido em um lugar onde existem oportunidades é apenas isso, sorte. A maioria das pessoas não nasceu em um lugar com abundância de oportunidades. A maior parte das pessoas nasceu em tremenda pobreza e sofrimento. Nós que escolhemos fazer esse tipo de trabalho compreendemos que estamos comprometidos a ajudar a fazer a ponte entre essas desigualdades. Nossa missão é tornar o mundo mais equilibrado.

Eu fui um dos que tiveram sorte; embora tendo crescido na classe média, meus pais valorizavam a educação. Sua maior prioridade na vida foi dar a seus filhos uma educação de qualidade. Eles gastaram uma enorme quantidade de dinheiro para me enviar a uma escola internacional. Não tenho ideia de como o conseguiram. Era uma escola extremamente cara onde recebi uma educação excelente e fui exposto a muitas oportunidades. Acredito que precisamos trabalhar para ajudar a criar esse cenário para todos no mundo.

> *"Eu havia descoberto a conexão entre conservação ambiental e ação social."*

Passei por algumas fases na minha vida. Após a faculdade, eu variei bastante. Meu primeiro interesse não era o de trabalhar no setor social; eu estava focado no meio ambiente. Decidi começar um pequeno negócio trabalhando como guia de rafting. Meu plano era levar pessoas em eco-tours e tours de aventura. Então, um dia, fui a um orfanato para doar meu tempo. Descobri essas crianças maravilhosas que nunca haviam ido a um rio ou ao Parque Nacional que estava a apenas 45 minutos de distância. O Parque Nacional é maravilhoso, possui cachoeiras lindas, a topografia é deslumbrante. Eu ia duas ou três vezes por dia e essas crianças nunca haviam visto o *seu* Parque Nacional. Foi um momento de definição para mim o dia que percebi que eu precisava fazer alguma coisa para ajudar a mudar aquele cenário. Naquele momento eu percebi o impacto que eu poderia ter naquelas crianças se eu as levasse a um eco-tour pelo rio. Elas poderiam experimentar não somente a espantosa beleza da natureza, como poderiam começar a compreender a importância do meio ambiente.

Minha primeira ideia era a de ganhar muito dinheiro no negócio do ecoturismo, levando jovens do sul do Chile e de Santiago em viagens de rafting na natureza. Infelizmente, minha empresa durou apenas dois meses, então eu encerrei minha vida selvagem na natureza. Mas felizmente, através daquela experiência, eu havia descoberto a conexão entre a conservação ambiental e a ação social.

> *"Freire acreditava que é essencial compreender as necessidades e a realidade do estudante para lhe dar uma educação de qualidade."*

Então meu irmão começou uma pequena ONG em Santiago, a capital do Chile. Sua visão era a de ensinar as pessoas que viviam na pobreza a usarem a tecnologia da informação. Eu me tornei muito apaixonado e superenvolvido nesse projeto. Tornei-me voluntário para ajudar na construção do laboratório de computadores; ensinei as primeiras turmas e antes de decorrido muito tempo, estava coordenando toda a fundação. Também retornei à escola; foi assim que descobri o CDI. Eu frequentei a Escuelas de Informatica y Ciudadania. Era uma instituição não tradicional para estudantes adultos. Um dos meus primeiros encargos foi o de escrever um papel sobre Paulo Freire, um brasileiro que desenvolveu um método de ensino para adultos que era muito prático. Basicamente, sua metodologia era a de dar às pessoas mais vulneráveis em nossa cidade uma experiência de aprendizado significativa, prática e relevante. Freire acreditava que é essencial compreender as necessidades e a realidade do estudante para lhe dar uma educação de qualidade. Na educação tradicional os estudantes são apenas recipientes vazios esperando por um supersábio professor para colocar um monte de conhecimentos e teorias dentro deles.

Freire era contra esse tipo de educação porque não tinha qualquer preocupação com as necessidades reais e os interesses dos estudantes. Freire sentia que os estudantes deviam ser parte integral de sua educação – eles deveriam participar ativamente de seu processo de aprendizagem. Ele percebeu que não se pode ter a expectativa de que alguém que tenha trabalhado no campo por 12 horas venha sentar em uma sala de aula e consiga prestar atenção a um professor falando por outras duas ou três horas. Em vez disso, sua abordagem era a de engajar os estudantes em uma conversa sobre direitos de trabalho ou então uma discussão sobre o significado da palavra "pá". Uma pá não era somente uma ferramenta para muitas daquelas pessoas que trabalhavam nos campos, ela também simbolizava sofrimento e injustiça. Então ele os ensinava a ler e a escrever aquela palavra.

Essa metodologia torna o processo de aprendizagem interessante e relevante para o aluno.

Acredito que a cultura e a metodologia no mundo todo do CDI são baseadas na visão de Paulo Freire. No CDI, o ponto de partida é reconhecer as necessidades dos estudantes e da comunidade e ver todo o restante – o treinamento em TI e a educação em engajamento cívico – como instrumentos para atender aquelas necessidades. Isso torna o processo de aprendizagem uma experiência importante, significativa. Enquanto eu estava pesquisando sobre Paulo Freire no Google, de alguma maneira cheguei ao website do CDI; quase como mágica o CDI apareceu. Fiquei superempolgado e, então, li todo o website. Percebi que a abordagem do CDI poderia ajudar nossa pequena escola de TI. Eu sabia que queria iniciar uma escola do CDI no Chile. Compartilhei essa ideia com minha namorada, Christina, e ela ficou bastante empolgada. Christina havia acabado de sair da bolha pontocom, então ela era uma técnica e ainda assim nós compartilhamos um forte comprometimento em auxiliar os necessitados.

Decidimos ir em frente!

> *"Quanto mais conversávamos, mais apaixonados nos tornávamos."*

Então uma coisa mágica aconteceu: quatro pessoas que compartilhavam de nossa visão entraram em nossas vidas. Era o ano de 2001 e Christina e eu fomos a uma festa e conhecemos quatro pessoas. Começamos a conversar e quando me perguntaram o que eu fazia, eu lhes falei sobre a minha visão de iniciar uma escola do CDI no Chile. Todos ficaram muito empolgados. Quanto mais conversávamos, mais apaixonados nos tornávamos; ao final da conversa, estávamos todos comprometidos com aquela visão. Em seguida entramos em contato com o CDI no Brasil. Por sorte, a Christina havia morado no Brasil por um ano e era fluente em português. Estávamos trabalhando duro para conseguir as informações e contatos necessários para criar a escola do CDI no Chile. Isso era difícil porque ao mesmo tempo em que estávamos buscando estabelecer uma escola CDI no Chile, organizações em outros países da América Latina estavam fazendo o mesmo. Em 2001 o CDI não havia ainda aprendido como administrar uma expansão internacional. Finalmente Christina e eu fomos ao treinamento no Rio de Janeiro e aprendemos como as escolas funcionavam. Aprendemos, também, como conseguir financiamento seguro e como desenvolver parcerias. Retornamos ao Chile e replicamos o modelo.

Quando fizemos a inauguração em 2001, convidamos Rodrigo para comparecer. Sua presença atraiu muita atenção da mídia, o que foi uma grande ajuda. O primeiro ano e meio trabalhamos todos como voluntários em tempo integral, a partir de um escritório que foi doado pelo meu irmão. Christina tinha recursos da bolha do pontocom. Eu tinha sido guia de rafting, então tive que vender meu carro e voltar a morar com meus pais. Não foi antes de 2002 que conseguimos nosso primeiro financiamento significativo. Foi de uma grande fundação daqui do Chile, chamada Fundacion País Digital. Com ela, pudemos evoluir para uma operação mais profissional. Tivemos condição de contratar um quadro de pessoal em tempo integral, incluindo a nós mesmos, e encontramos novas organizações para serem nossas parceiras. Assim, o período de 2000 a 2002 foi mágico. Trabalhamos muito duramente, mas todos estávamos comprometidos. Até o presente, quatro dos cinco de nós que começamos o centro continuam ainda envolvidos no CDI Chile diariamente. Estão trabalhando aqui ou fazendo parte do nosso conselho.

Desde que começamos o CDI Chile, temos sempre liderado a organização com co-diretores. Isso tem sido muito importante para mim, porque a primeira escola foi uma joint-venture entre Christina e eu, com a ajuda de nossos amigos. Então, após a Christina ter saído, Ana Maria Raad se tornou codiretora. Ana é equatoriana. Ela tinha que vir ao Chile para fazer seus estudos de pós-graduação. Quando acabou, retornou ao Equador e iniciou a primeira escola CDI lá. Hoje meu codiretor é Javier Figueroa; é uma maneira muito eficiente de liderar uma organização como a nossa.

"O CDI Chile será diretamente responsável por 28 desses telecentros..."

Expandimos o CDI Chile significativamente. Estamos montando uma parceria com o governo chileno para criarmos e administrarmos telecentros. O governo chileno investiu o equivalente a 10 milhões de dólares para criar 180 telecentros em 180 dos mais vulneráveis bairros no Chile. É parte de um projeto de transformação nacional iniciado pelo governo chamado *"Quiero Mi Barrio" (Amo Minha Comunidade)*. O CDI Chile será diretamente responsável por 28 desses telecentros, mas somos também responsáveis por 88 deles em Santiago porque fizemos uma aliança com duas outras ONGs e entre as três de nós ficamos responsáveis pelos 88 centros – isso equivale a quase 50% de todo o projeto. Essa é uma abordagem muito integrada para se enfrentar os problemas e desafios nesses bairros. Eles estão trabalhando para transformarem a infraestrutura e as condições sociais nessas comunidades. No início estavam apenas pensando em fornecer a essas comunidades a conectividade via Internet. Trabalhando juntos, nós os ajudamos a compreenderem que a conectividade ou o equipamento sozinhos não resolvem os problemas – eles precisavam de um modelo de mudança tecnológica e social para os bairros. O programa evoluiu e tem se tornado mais integrado. Temos alguns lindos telecentros hoje com bons ambientes, computadores e infraestrutura sólida. Em parceria com o governo e nossa aliança com outras ONGs temos agora a oportunidade de criarmos programas sustentáveis mais efetivos para as pessoas dessas comunidades.

Levando a Conectividade às Vítimas do Terremoto

Outro exemplo de como temos crescido e nos desenvolvido foi a nossa resposta ao terremoto devastador no Chile. Essa tragédia não apenas matou centenas de pessoas, como destruiu também centenas de casas e de negócios. Também gerou o caos na infraestrutura do sul do Chile. Interrompeu completamente a conectividade via Internet naquele momento crítico quando as pessoas mais necessitavam se conectar com a família e com os amigos; e as ONGs precisavam mais do que nunca realizar seu trabalho para ajudar as pessoas. Então, logo após o terremoto, nosso time fez uma sessão de brainstorm e surgiu a ideia de criarmos um telecentro móvel. Em uma semana havíamos construído um que abrigava 10 computadores, um gerador e modems de banda larga wireless. Fomos para a região sul do Chile, perto de Concepcion, a área mais atingida pelo terremoto, e ajudamos algumas pequenas ONGs a se reconectarem à Internet. Hoje elas ainda estão usando o telecentro móvel, principalmente para obterem informações. Estamos também construindo uma base de dados para levantarmos as necessidades de TI daquela área. Estou muito feliz pelo fato de nossa equipe ter tomado essa decisão coletivamente e pelo comprometimento coletivo. Em um período de tempo muito pequeno, pudemos construir o telecentro móvel, assegurar o seu financiamento e começar o trabalho com as comunidades mais afetadas pelo terremoto.

Visão para o CDI

"Nossa visão é expandir exponencialmente."

Temos um grande desafio para realmente fazer um impacto significativo nos 79% das pessoas em nosso mundo que ainda estão digitalmente excluídas. Apesar de termos nos expandido para 13 países ao redor do mundo, o CDI está ainda mal arranhando a superfície. Nossa visão de médio e longo prazos é dar um grande passo para impactarmos tantas pessoas quantas consigamos, para ajudar a fechar essa divisão digital. Uma das competências centrais do CDI é nossa habilidade de atrair e construir parcerias significativas. Temos que alavancar essa competência e levar o CDI a um nível mais elevado de volume, cobertura e recursos ao redor do mundo. Temos que mudar de sobreviver para nos tornarmos prósperos a fim de fazermos um impacto maior nesse problema global. Nossa visão é crescer exponencialmente. Para fazermos isso, precisamos colocar os telecentros e as escolas CDI no centro de nossa visão para que eles se tornem sustentáveis em todas as dimensões – ambientalmente, socialmente, economicamente, eticamente, politicamente e culturalmente.

Valores

"É inaceitável existir essa tão grande diferença entre o rico e o pobre."

Consciência com Ação: Eu valorizo as pessoas que possuem a consciência e a compreensão das enormes desigualdades e injustiças que os povos sofrem no mundo – e então agem para reduzir essas desigualdades. Minha mãe me ensinou esse valor. Ela foi criada por uma tia que era freira. Sua tia ensinou-lhe a importância de ajudar as pessoas necessitadas. Meu irmão e eu também tivemos muito contato com essa tia. Os relacionamentos com minha mãe e minha tia são a base de nosso compromisso para fazermos coisas que irão beneficiar os necessitados.

Eu tive sorte de poder ver essas desigualdades em primeira mão. Fui à escola em um ambiente muito rico, onde as pessoas recebiam todas as oportunidades no mundo. Então, trabalhando na nossa fundação e no CDI, pude ver o outro extremo. É inaceitável existir essa tão grande diferença entre o rico e o pobre. É tão brutal e tão errado. Acredito que essa diferença é a fonte da maior parte de nossa infelicidade.

Quando nós temos uma abundância de oportunidades, somos responsáveis por ajudar os outros a terem acesso a elas. Quando não temos essa consciência, acredito, isso torna as pessoas muito infelizes, em um nível muito profundo.

Estamos todos conectados, não podemos ignorar essa conexão; quando o fazemos, é como se estivéssemos perdidos no espaço. Infelizmente, existem muitas pessoas ainda muito perdidas no espaço.

Nós as vemos procurando a felicidade gastando centenas de milhares de dólares em automóveis, enquanto seus vizinhos não têm dinheiro para pagar o ônibus para levá-los à escola. Então o que mais valorizo são as pessoas que compartilham essa consciência e agem para ajudar a fechar essa divisão vergonhosa.

"Compromisso" é importante para mim. Ser consistente com seus compromissos, *"fazer o que você fala"*, é muito importante. A conversa dúbia que vemos em tantas pessoas de poder e influência, como políticos e a Igreja, é muito agressiva e ameaçadora.

> *"No final do dia não é sobre empresas, instituições ou contratos – é sobre pessoas, as pessoas fazem as coisas acontecerem."*

Eu também valorizo a gentileza. Penso que é muito importante ser genuinamente gentil com o próximo. Em espanhol a palavra é "cariñoso". Não importa se é nosso amigo íntimo ou a pessoa que limpa nossa vidraça, precisamos ser gentis para sermos eficientes em nossos relacionamentos. No final do dia não é sobre empresas, instituições ou contratos – é sobre pessoas, as pessoas fazem as coisas acontecerem. Para criarmos um ambiente de confiança precisamos nos conectar e sermos gentis uns com os outros.

Obstáculos

Meu primeiro impulso foi o de dizer que o financiamento tem sido nosso maior obstáculo através dos anos – mas não tenho realmente a certeza se foi de fato o financiamento. Penso que foi não ter tido o treinamento e a experiência, saber em que portas bater para conseguir o apoio para nossos projetos. Por um longo tempo, tivemos muitas perspectivas e propostas nas quais trabalhamos por mais de um ano com muitos poucos resultados. Hoje, após 10 anos, nós aprendemos muito; estamos em uma posição muito melhor – mas precisamos fazer mais. O desafio é saber como influenciar os financiadores e ajudá-los a compreender que os fundos precisam ir para o projeto – para as pessoas. É uma loucura o montante que as empresas gastam em marketing no que elas fazem no setor social e quão pouco dinheiro elas gastam no projeto em si. Precisamos ajudá-las a mudarem essa mentalidade. Precisamos redefinir estratégias para nos ajudarem a alavancar o financiamento; estamos nos movendo naquela direção.

> *"Hoje temos uma parceria muito forte com o governo chileno."*

Outro obstáculo foi compreender como as agências do governo trabalham e descobrir como formar parcerias fortes com o governo. No passado aparecíamos em fotos nos jornais e assim eles podiam dizer que esse ou aquele projeto é uma colaboração com o envolvimento do setor social. Mas estávamos apenas enxugando gelo; estávamos nos jornais, mas não efetivamente nos projetos. Finalmente aprendemos que temos que estar nos jornais e nos projetos. Hoje temos uma parceria muito forte com o governo chileno. A parceria com o governo chileno e com outras ONGs no desenvolvimento dos telecentros é um exemplo maravilhoso de quão longe conseguimos chegar. Temos superado muitos obstáculos para chegarmos até aqui. É a consequência desses 10 anos de aprendermos de nossos erros assim como de nossos sucessos.

Minha Mensagem

Aos cínicos

Precisamos encontrar uma maneira de mudar seus pensamentos.

Aos sem esperança

A falta de esperança é algo que você aprende através de suas próprias experiências. As pessoas perdem a esperança porque elas foram submetidas a um ambiente muito injusto. Mas eu lhe digo, olhe em volta; olhe para as pessoas que vieram da mesma situação que você e puderam transformar suas vidas e fazer uma mudança positiva em toda a sua comunidade. Elas são os melhores exemplos de transformação e suas histórias podem inspirar qualquer um. Saiba, também, que você pode descobrir novas esperanças – e torne-se novamente esperançoso.

Aos jovens

Penso que eles são muito responsáveis. Estou muito feliz e orgulhoso deles. Acredito que por causa da tecnologia, os jovens estão tão conscientes; eles possuem uma visão global do planeta. Através da Internet eles compreendem que estamos todos conectados e que o que eles fazem hoje provoca consequências para os outros. Eles dão grandes saltos na compreensão de nosso planeta e de nossas conexões uns com os outros. Meu único conselho é que eles atuem a partir de seu conhecimento, ajudando-nos a fazer alguma coisa a respeito desses problemas.

Dhaval Chadha

Gerente de Inovações e Empreendimentos

"Eu cresci bem em frente do que eu tenho bastante certeza de que era e continua a ser a segunda maior favela da Índia; é gigantesca."

Minha história começa em Nova Délhi, Índia. Eu cresci em um complexo de apartamentos em uma região chamada Janak Puri. Era um dos únicos condomínios para a classe média na Índia naquela época. Meu avô trabalhava na inteligência do governo e aquele era seu apartamento. Bem em frente existia uma vizinhança muito pobre; talvez a segunda maior favela da Índia.

Como resultado, eu tinha um grupo de amigos muito interessante; todos nós garotos que morávamos no edifício de apartamentos brincávamos junto com os filhos dos trabalhadores domésticos e jardineiros que trabalhavam naquele condomínio. Eu sabia que alguns dos meus amigos eram pobres, entretanto eu via muito pouca diferença entre nós como seres humanos. Nós éramos crianças inocentes, por isso não discriminávamos ou excluíamos quem quer que fosse; para nós, éramos todos iguais. Nós apenas nos divertíamos jogando futebol e críquete juntos. Agora que estou mais velho é interessante refletir sobre aqueles tempos; eu agora compreendo como as coisas eram diferentes para os garotos que moravam do outro lado da rua. Todos os dias, ao pôr do sol, nós íamos para casa para realidades muito diferentes. Para mim era um banho quente de chuveiro, a comida da mamãe, estudar e ir dormir em uma boa cama quente. Na manhã seguinte, eu tomava meu café da manhã e ia para o colégio. Para meus amigos que viviam em Sagarpur, muitos tinham que ir trabalhar, cuidar de um pai bêbado, e ajudar uma mãe que trabalhava em tempo integral em três empregos diferentes. Para mim aqueles garotos eram apenas amigos – nós todos éramos iguais. Foi uma experiência definitiva na minha vida. Aprendi a valorizar a inclusão muito jovem.

> *"O United World College trabalha para fazer da educação uma força para unir as pessoas, nações e culturas para a paz e para um futuro sustentável."*

Minha próxima experiência que mudou minha vida aconteceu quando estava na escola secundária. Meus pais sempre enfatizaram a educação, a oportunidade de estudar na melhor escola secundária de Nova Délhi. Um dia, soube de um programa de dois anos chamado o United World College. É uma escola secundária internacional que tinha campus em 13 países diferentes. Ela começou nos anos 1950, durante o auge da guerra fria, por Kurt Hahn, um educador alemão. Ele foi encarregado pela OTAN de criar uma escola para o futuro. Hahn acreditava que se os estudantes de todo o mundo fossem reunidos, eles poderiam aprender uns dos outros e poderíamos superar mal-entendidos culturais, raciais e religiosos e trabalhar para evitar conflitos no futuro. O United World College trabalha para fazer da educação uma força para unir as pessoas, nações e culturas para a paz e para um futuro sustentável. Os valores que ele promove são: a compreensão internacional e intercultural, a celebração das diferenças, responsabilidade e integridade pessoal, responsabilidade e respeito mútuo, compaixão e serviço, respeito pelo meio ambiente, um senso de idealismo e desafio pessoal. Estudantes de vários países do mundo se reúnem e estudam sobre assuntos internacionais com um grande foco nos acontecimentos internacionais, tolerância religiosa, serviços comunitários e inclusão.

Eu tive a oportunidade de estudar nessa escola na Índia. Ela ficava em uma colina na floresta, no meio do nada. Havia 200 estudantes de 80 países representados. Naquela época eu estava com 17 anos, tinha amigos do mundo todo. A escola também focava muito em serviços comunitários e acontecimentos internacionais. Todo estudante tinha que completar 150 horas de serviços comunitários e nós tínhamos reuniões semanais para discutirmos assuntos de relevância socioeconômica ou política no mundo. A escola atraía pessoas realmente dinâmicas que estavam interessadas em mudanças sociais; pessoas que, com 16 e 17 anos, estavam dispostas a deixar suas famílias e países para viverem e estudarem nessa escola especial na Índia. Então era um grupo muito intelectual e dinâmico. Foi uma experiência incrível.

> *"A coisa impressionante sobre o UWC é que eles abraçam o mundo inteiro, superando todas as divisões de raça, história, cultura, riqueza, religião, classe econômica e crença política; eles são únicos e estão conscientes de sua responsabilidade."*
>
> Nelson Mandela, *Presidente Honorário*

Após ter tido essa experiência intensa, eu queria frequentar uma universidade que continuaria a me fornecer uma educação de qualidade e inclusiva, e então me inscrevi e fui aceito em Harvard. Para minha surpresa, Harvard foi uma experiência muito diferente dos meus anos de secundário no UWC. Enquanto eu estava feliz e apreciava o fato de que fui aceito e tinha a oportunidade de estudar lá, para minha grande surpresa os estudantes possuíam interesses em valores bem diferentes, tais como recompensa financeira e status, e estavam muito menos interessados nos acontecimentos mundiais. Senti que meus companheiros no curso secundário eram mais bem informados sobre acontecimentos mundiais, ou pelo menos muito mais interessados. Por exemplo, quando eu estava no UWC, havia ainda a guerra civil em Serra Leoa e durante o almoço nós conversávamos por uma hora sobre as condições por lá, assim como sobre outros acontecimentos pelo mundo. Em Harvard, os alunos queriam conversar sobre negócios, graus, sobre classes sociais e, ainda que fossem de muito talento, eu os percebia muito mais mecânicos e muito pouco apaixonados. Eles faziam as coisas por hábito ou preferência, em vez de explorarem seu lado criativo, de paixão. Quase me transferi de universidade por duas vezes, mas decidi continuar acreditando que aquilo que não mata, fortalece. Logo encontrei um grupo de amigos que compartilhavam de minha paixão, o que fez com que essa decisão ficasse mais fácil.

Um momento de definição na minha vida foi quando um amigo que havia percebido minha frustração em Harvard me deu um ótimo conselho. Ele sugeriu que eu passasse um ano no exterior, testando meus limites, ganhando minhas perspectivas e então retornasse. Então eu decidi passar um semestre no Brasil. Mudei-me para a região nordeste do Brasil; aprendi a falar português e experimentei a incrível e diversificada cultura brasileira.

Eu cresci em torno de muito sofrimento; muita pobreza, mas dentro das condições em que vivia, eu não absorvi o que a pobreza e o sofrimento provocavam nas pessoas – eu não tinha a sensibilidade – eu costumava racionalizar aquilo. Quando vim para o Brasil, eu me vi com imagens não familiares, mas estava armado com uma perspectiva de maior discernimento. Eu me tornei muito mais sensível, mais crítico sobre os efeitos do sofrimento provocado pela pobreza – isso me lançou à ação. Eu percebi que todo esse sofrimento continuava e apesar de eu ter estudado o assunto e de ter falado sobre ele no UWC eu não estava fazendo nada a respeito.

Então, enquanto no Brasil, minha pesquisa de tese foi sobre modelos inovadores de ação social na região nordeste do Brasil, que fossem autossustentáveis.

> *"O que posso fazer que tenha o máximo de impacto enquanto eu sou um sênior em Harvard?"*

Quando retornei a Harvard, eu me perguntei – *"O que irei fazer?"* Minha realidade é que eu ainda teria um ano pela frente em Harvard. Perguntei a mim mesmo: *"O que posso fazer que tenha o máximo de impacto enquanto eu sou um sênior em Harvard?"* A resposta veio rapidamente para mim. Durante o ano que passei no Brasil, meus colegas haviam feito estágios em empresas de consultorias de negócios ou em grandes bancos em Wall Street. Meus amigos e eu estávamos lutando para decidir o que faríamos após nos formarmos.

O Escritório de Serviço de Carreiras e a cultura como um todo em Harvard promoviam carreiras em bancos, consultoria ou no setor financeiro em Wall Street. Eles não ofereciam muito para estudantes que quisessem carreiras científicas, na mídia, nas artes ou nos serviços sociais – não havia sistema de apoio para nós. Os CDIs do mundo não possuem as mesmas estratégias de recrutamento ou os recursos para enviarem 10 executivos a Harvard para convidarem estudantes para jantar e seduzi-los.

O trabalho do Escritório de Serviços de Carreira deveria ser o de atender a todos os estudantes, mas, no entanto, as sessões de recrutamento só tinham o pessoal de Wall Street e os executivos de consultoria financeira para nos entrevistar. Então meus amigos e eu decidimos fazer alguma coisa a respeito.

> *"Eu vi muita gente que veio para Harvard querendo mudar o mundo, e saiu diretamente para Wall Street; eu queria mudar isso."*

Eu estava tendo uma aula com o professor Marshall Ganz, na Kennedy School em Harvard, na época. Ele nos ensinou os princípios de liderança distributiva. O professor Ganz é considerando como o arquiteto da organização do modelo de raiz bem-sucedido usado para a campanha presidencial vitoriosa de 2008 do presidente Obama. Sua aula era muito prática – nós aprendíamos toda a teoria, mas tínhamos que executar nosso próprio projeto por 10 horas por semana. Meu projeto se tornou o de mobilizar os estudantes e a universidade para mudarem a prática monolítica de recrutamento para carreira. Eu queria que meus colegas pudessem ingressar em carreiras de sua escolha com o apoio de uma instituição acadêmica de primeira, como a Harvard. O que eu via era: se todos iriam fazer carreiras em bancos ou em Wall Street apenas para ganhar dinheiro, nós estávamos promovendo apenas a ganância, então com qual base podíamos nos considerar uma instituição educacional de primeira? Eu sentia um grande vácuo ético em Harvard e nós realmente precisávamos fazer algo para criar líderes de amanhã que possam ter um impacto positivo na sociedade. Eu vi estudantes que tinham o talento e o desejo de fazerem uma diferença positiva na sociedade, mas ficaram desiludidos com a falta de apoio da universidade. Eu vi muita gente que veio para Harvard querendo mudar o mundo e saiu diretamente para Wall Street. Eu queria mudar isso.

Então meus colegas e eu nos encontramos com a presidente da universidade, Drew Faust. Ela era nova na época, com uma nova visão e uma nova agenda para Harvard. Ela era muito atenciosa com os estudantes. Costumava aparecer no refeitório, comer com os estudantes e perguntar-lhes por suas ideias. Eu estava almoçando um dia e conversando com uma mentora minha sobre a ideia e ela disse: *"Olhe, Drew Faust está ali, por que você não vai lá falar com ela?"* Então eu puxei minha cadeira para a mesa onde ela estava conversando com os estudantes. Quando ela estava se aprontando para sair, eu disse: *"Presidente Faust, poderia trocar uma palavra no elevador com a senhora?"* Ela concordou e eu falei com ela sobre a minha ideia. Pouco após aquela conversa, a presidente Faust me chamou para uma reunião em seu escritório. Ela me disse que sua primeira prioridade era a de criar um conselho para as artes e que no ano seguinte ela pretendia realizar a minha ideia. Eu respondi dizendo a ela que eu era um sênior e não estaria em Harvard no ano seguinte, e que eu gostaria de fazer algo a respeito naquele ano.

> *"Aquele foi o ponto de partida de uma viagem que me colocou muito mais ligado em ação social, em vez de apenas expor teorias."*

Então nós organizamos os estudantes; fizemos uma grande conferência para a qual trouxemos pessoas de organizações sem fins lucrativos, Apple, ABC, Google, grupos de ação comunitária, até grupos de hip-hop. Todo tipo de gente de Boston e NY veio para nos ajudar a responder à pergunta: *O que é necessário para que eu consiga buscar uma carreira no meu campo de interesse?*

O pessoal das organizações sem fins lucrativos disse que nós tínhamos que ir atrás das ONGs e pedir entrevistas com elas. Wall Street quer contratar 300 pessoas e contrata 30 pessoas enquanto as ONGs não buscam candidatos – você tem que buscá-las. Era uma estratégia totalmente diferente.

Eu também conversei com Marshall Ganz e perguntei se ele conhecia alguém no Boston Globe que pudesse nos dar cobertura de mídia desse evento para nos dar visibilidade externa. Marshall disse: *"Não, mas conheço uma pessoa do New York Times"*. Eu procurei o jornalista do Times e eles editaram uma reportagem tanto na capa do jornal como na versão da Internet. Isso trouxe muita atenção para o que estávamos fazendo.

Nos dois anos seguintes, o Departamento de Serviços de Carreira foi transformado completamente. Ele agora tem um estudante permanente em posição de ligação para atuar como a voz do corpo discente e para mantê-lo atualizado sobre as necessidades dos estudantes.

Por causa desse trabalho, fui indicado para o Prêmio Paul Revere Forthingham Commencement por excelência em caráter e serviços à universidade. Aquele foi o ponto de partida de minha viagem que me colocou muito mais ligado na ação social em vez de apenas expor teorias.

Um dos meus professores em Harvard era um professor brasileiro na escola de Direito. Ele me perguntou quais eram meus planos para o futuro. Eu lhe disse que havia conquistado a bolsa de pós-graduação da Benjamin Trustman Fellowship para passar mais um ano no Brasil em uma instituição sem fins lucrativos. Ele me falou sobre o CDI e me ajudou a entrar em contato com Rodrigo. Eu já estou no CDI há quase dois anos.

Os primeiros 10 meses que passei no CDI foram na condição de voluntário. Comecei a trabalhar no levantamento de recursos e então consegui participar da Clinton/Bush Initiative, convencendo o Rodrigo que ele podia usar uma ajuda durante o evento em Nova Iorque. Eu paguei minha própria passagem e tinha um lugar gratuito para minha estada, então o Rodrigo concordou. Nós conhecemos muitas pessoas; desenvolvemos muitos relacionamentos e todos os que desenvolvemos naquela conferência se tornaram meus para administrar. Eu gerencio os relacionamentos do CDI com a The Good Heart Foundation e nossa parceria com o Google e com a Motorola Foundation.

Agora eu passei para a parte de estratégia e consultoria e para a incubação da iniciativa da LAN do CDI. A LAN do CDI é um novo negócio social que saiu do CDI, focado em transformar cybercafés em centros de aprendizagem e inclusão.

A LAN do CDI vai oferecer uma quantidade de novos serviços em e-aprendizado, e-governo, e-saúde, finanças e empregabilidade para transformar esses microempreeendimentos em centros para a inclusão digital.

A Consultoria CDI é outro novo negócio e que está focado na criação de novos modelos de negócios que possuem três objetivos fundamentais: econômico, ecológico e social. Nossos clientes incluem principalmente grandes empresas que estão buscando realizar alguma coisa que tenha impacto social.

Também incluem empresários sociais e organizações do setor social que estão buscando novos modelos de receita. Planejamos, também, incubar nossas próprias iniciativas, sendo que a LAN do CDI será o primeiro desse tipo de projeto em nossa carteira.

Meu tempo no CDI me ajuda a compreender onde meus talentos podem ser aplicados. O setor social necessita de gerentes, doutores, pessoal de finanças, advogados e sempre foi difícil para mim visualizar onde eu poderia me enquadrar. Eu me sinto confiante, agora que meu conjunto de habilidades repousa no desenvolvimento de estratégias. Pessoalmente, tenho aprendido bastante estando próximo ao Rodrigo e à Florencia. Eu tenho bons mentores e tenho podido crescer e me desenvolver.

Minha Visão para o CDI

> *"Meu sonho para CDI 2016, é que nós tenhamos influenciado a sociedade civil, empresas e o governo no Rio, e depois a comunidade global, para criar um mundo melhor e mais sustentável."*

A direção para a qual estamos indo em consultoria é a de ajudar as empresas a repensarem seus negócios para se tornarem socialmente responsáveis. Estamos vivendo em um tempo de extrema degradação ambiental, alta desigualdade econômica e ganância corporativa que resultam em desigualdades em renda e poder.

Então a ajuda às empresas para que elas passem a praticar uma forma de trabalhar mais sustentável, mais eficiente e mais responsável é extremamente necessária. Precisamos ajudá-las a compreender que essa abordagem pode ser prática, lucrativa e uma forma melhor de se fazer negócio.

Ao mesmo tempo, desejamos auxiliar as ONGs a adotarem alguns modelos lucrativos para que elas possam crescer e se tornar autossustentáveis.

Um dos primeiros projetos que faremos é com uma associação dos maiores negociantes do Rio. Em parcerias com o governo e com as ONGs iremos promover e mobilizar uma campanha por toda a cidade com foco no que o Rio poderá se tornar em 2016.

Meu sonho para CDI2016 é que tenhamos influenciado a sociedade civil, empresas e o governo no Rio, e depois a comunidade global, para criar um mundo melhor e mais sustentável. Essa meta não é apenas responsabilidade do governo, ou das empresas ou das ONGs, ela requer que todos trabalhemos em conjunto para mudarmos o mundo.

Valores Fundamentais

Eu não sou um grande fã de religião organizada – isso dito, eu acredito firmemente que toda pessoa tem uma responsabilidade ética de fazer o que é bom ou correto! Sem apelar a absolutos, tenho confiança de que em quase qualquer situação, nós sabemos qual é a escolha boa ou certa; o desafio é ter a certeza de que fazemos essa escolha.

Eu não quero nunca parar de crescer intelectualmente. Eu busco pessoas e experiências que me desafiem a crescer e a me expandir. Acredito no aprendizado contínuo, no crescimento e em ampliar meus limites.

Obstáculos

> *"Eu sempre fui desafiado a defender constantemente uma visão mundial que era mais social e à esquerda e contrastava com a de meus colegas de turma."*

O maior obstáculo que enfrentei até agora foi a cultura que encontrei no início em Harvard. Após passar meus dois últimos anos de curso secundário em uma escola dedicada ao serviço comunitário, assuntos mundiais, tolerância internacional e estar matriculado com estudantes extremamente apaixonados de 80 países diferentes, eu achei que a Harvard estava em um contraste muito forte.

Embora muitos de meus colegas fossem excelentes nos estudos, nos esportes, nas artes, etc., eu os achei muito desinteressados de assuntos globais, como a guerra no Sudão ou a eleição no Irã. Embora muitos deles fossem altamente talentosos e estivessem fazendo coisas incríveis como, por exemplo, descobertas que estavam abrindo novos caminhos na medicina e na biologia, eles faziam essas coisas de maneira superficial e sem paixão.

Tudo era mais mecânico do que inspirado. Eu também me sentia desafiado a defender constantemente uma visão mundial que era mais social e à esquerda e contrastava com a de meus colegas de turma. Enquanto eu pensava que Harvard deveria estar criando a próxima geração de líderes socialmente responsáveis, o que vi foi um grupo de colegas mais interessados em fazer parte da lista de bilionários da Forbes. Eu quase me transferi de Harvard por duas vezes, mas decidi que, de fato, o mundo pensava mais como meus colegas de Harvard do que como os do UWC.

Se eu tivesse que ser bem-sucedido em qualquer coisa que eu fosse fazer, eu tinha que aprender a engajar pessoas que não pensassem como eu. Mais uma vez, compreendi que o que não lhe quebra, lhe faz mais forte.

Em retrospecto, a decisão de estudar em Harvard foi absolutamente crucial. Além de testar meus limites e me inspirar a ser uma pessoa mais forte, eu sou extremamente agradecido por uma experiência educacional muito rica e não consigo imaginar como as coisas teriam ocorrido de outra forma. Fui desafiado socialmente no início e intelectualmente durante meus anos em Harvard e estou definitivamente melhor por isso.

Minha Mensagem

Aos cínicos

Eu também era um de vocês até que percebi que o cinismo é apenas uma manifestação de covardia. Aja primeiro e você começará a acreditar automaticamente.

Aos sem esperança

Eu também era um de vocês até que percebi que a falta de esperança é apenas uma manifestação de preguiça. Aja primeiro e você automaticamente começará a sentir esperança.

Aos jovens

Enquanto muitas pessoas estão convencidas de que o crescimento econômico é linear e que o desenvolvimento trará benefícios a todos, tenham em mente que vivemos em um mundo e em um planeta que é finito e tem recursos finitos. A lógica do crescimento linear é necessariamente errada e já é tempo de repensar radicalmente nossa civilização, produção e hábitos. Precisamos buscar inspiração nos processos circulares nos quais a natureza se tem se engajado através da eternidade se é para que tenhamos a mínima chance de sobreviver e prosperar com sustentabilidade.

Os Parceiros do CDI

DreamMakers em Ação

> *"As pessoas sobre as quais você vai ler passaram por surpreendentes transformações, superando tremendos obstáculos."*

No meu segundo dia de entrevistas, fui a duas favelas, Morro dos Macacos e Morro da Providência, para entrevistar os parceiros do CDI que estavam colocando em prática a visão e os valores do CDI em suas comunidades. O que vi, senti e ouvi foi nada menos do que surpreendente. As pessoas sobre as quais você vai ler passaram por surpreendentes transformações, superando tremendos obstáculos. Elas não pararam nisso, elas continuaram para ajudar a transformar as vidas de outras pessoas e elevar a esperança e o espírito nessas comunidades. Esses sócios do CDI são pessoas extraordinárias – pessoas com uma tremenda visão, paixão e comprometimento.

No dia em que fomos visitar as escolas do CDI nas favelas, eu estava esperando do lado de fora do meu hotel à espera do Rodrigo. Comecei a questionar minha decisão de ir às favelas porque eu havia escutado que eram lugares muito perigosos. As pessoas me preveniram que traficantes de drogas e gangues dirigiam as comunidades e que a violência estava à solta. Medo não é uma emoção que eu geralmente deixo entrar em minha vida, mas eu devo admitir que estava me sentindo um pouco ansiosa. Então, uma velha Van com o logo do CDI ao lado chegou. Quando entrei nela, minha energia mudou imediatamente. Rodrigo, Dhaval e Romi me deram as boas-vindas na Van; eles estavam empolgados, cheios de orgulho e plenos de energia – era contagiante. Em alguns segundos eu estava extremamente empolgada para ver os centros comunitários CDI aprendendo com os sócios do CDI.

As favelas que visitei estão localizadas nos morros que se intercalam e olham sobre o Rio de Janeiro. As próprias pessoas nas comunidades construíram as casas, então elas não se parecem com os blocos ordenados e quarteirões com o formato urbano que se vê normalmente nas cidades. Era uma série de construções conectadas, o que me deu a sensação de uma comunidade emparedada. Embora cerca de 20.000 a 40.000 pessoas vivam nas favelas que visitamos, parecia que tudo e todos estavam muito próximos. Essas comunidades me lembravam das que eu havia visto na cidade do Panamá e na África do Sul, no entanto alguma coisa era muito diferente. Quando saímos da Van, as pessoas não somente eram muito amigáveis, elas vieram para o veículo e começaram a conversar com a equipe do CDI. À medida que andávamos pelas ruas vi pessoas cumprimentando e conversando umas com as outras. Eu podia sentir o forte senso de comunidade; algo que falta na maioria das comunidades que eu visito atualmente.

Dentro, os Centros do CDI estavam transbordando com atividades. Em uma sala eu vi pessoas com idades de 8 a 78 anos trabalhando umas ao lado das outras nos computadores. Pedi permissão para interromper e perguntei a elas: *Por que vocês estão aqui?* Um homem disse: *"Quanto mais eu aprendo sobre tecnologia da informação mais eu posso progredir no meu emprego – é uma maneira de crescer na minha vida profissional"*. Uma senhora mais idosa tinha uma motivação completamente diferente. Em sua casa, sua neta estava sempre no computador. Um dia, quando sua neta havia saído, ela ligou o computador e não sabia o que fazer. Ela decidiu vir ao CDI para aprender a usar um computador para compreender o que sua neta estava fazendo.

Enquanto andava pelos centros, vi famílias inteiras aprendendo. Em uma sala encontrei uma mãe aprendendo sobre negócios. Ela queria se tornar dona de um pequeno empreendimento. Na sala seguinte, sua filha estava aprendendo a usar o computador. Em outra sala, encontrei um centro de serviços. Eles estavam vendendo serviços para a comunidade, como:

impressão, escanear e fazer panfletos. Eles estavam fazendo o download de testes para tirar carteira de motorista e ajudando as pessoas a pesquisar assuntos sobre saúde on-line. Em outra sala, eram vendidos serviços de reparo de computadores.

"Este é o melhor lugar do mundo."

No Instituto Central do Povo (ICP), o Centro CDI no Morro da Providência, eu fui à biblioteca onde cerca de 12 crianças estavam lendo. Quando fui apresentada, elas ficaram muito excitadas pelo fato de eu ter vindo dos Estados Unidos para aprender sobre a escola CDI delas. Eu perguntei às crianças: *"Qual o seu livro preferido?"* Uma jovem menina, de cerca de oito anos, gritou: *"O Alquimista, de Paulo Coelho"*, as outras crianças também começaram a falar ao mesmo tempo, dizendo que amavam esta obra. Eu fiquei chocada! Primeiro, por ver essas jovens crianças lendo um livro cheio de lições filosóficas sofisticadas; e, segundo, por ver que elas estavam lendo um dos meus livros favoritos de todos os tempos. Eu li *O Alquimista* vários anos atrás; é uma história fabulosa sobre tornar seus sonhos em realidade. Quando perguntei às crianças se elas gostavam de vir ao Centro, uma das crianças gritou: *"Este é o melhor lugar do mundo"*.

No quintal, do lado de fora da biblioteca, estava um display da arte feita pelas crianças. O ano de 2009 era o ano da França no Brasil e, como um tributo, as crianças fizeram uma escultura utilizando tampas recicladas de garrafas. A escultura era linda; foi feita no estilo de Matisse. Ao lado da exibição de arte estava uma pequena loja onde as senhoras vendiam produtos feitos pelas pessoas da comunidade que haviam aprendido a criar microempresas.

Todo o aprendizado, o entusiasmo e a energia que testemunhei nos centros CDI são o resultado da parceria entre o CDI e seus fantásticos líderes comunitários. Esses líderes visionários estão tendo um impacto profundo e sustentável na vida das pessoas, em comunidades que muitas delas considerariam sem esperança.

RONALDO, MARIA, LECO e WANDERSON são poderosos DreamMakers.

Eu estou profundamente comovida com essas pessoas. Elas tocaram meu coração e mexeram com meu espírito. Elas me inspiram a continuar forte e corajosa na minha viagem pessoal de ser fiel à minha visão e aos meus valores.

Ronaldo Monteiro

Ex-prisioneiro, ex-estudante CDI, educador e fundador do IEE e do CISC e atualmente um Ashoka Fellow

> "*A primeira vez que realmente conheci Ronaldo, meu verdadeiro eu, eu estava preso.*"

Eu tenho 50 anos, quatro filhos e dois netos e minha vida é marcada pelo fato de que passei um quarto dela na prisão. Quando eu tinha 14 anos, me envolvi com drogas e vivia na vida noturna. A partir daí entrei no crime, incluindo o tráfico assim como extorsão e sequestro. Então, nos anos 70 e 80, fui uma das pessoas mais importantes no serviço de inteligência militar no Brasil. Eu era perito em pensamento militar e tecnologia. Mas eu também tinha um lado mais escuro, e, após a vida militar, escolhi o lado escuro. Acabei sendo um dos maiores traficantes de cocaína no Brasil. Eu era responsável pelo fornecimento de drogas para três dos maiores estados desse país. Nos anos 80 e 90 eu passei a fazer sequestros. A primeira grande onda de sequestros em São Paulo foi feita por mim e por minha quadrilha. Antes de nós, o sequestro era feito por razões políticas. Nós efetivamente inventamos o sequestro para extorsão de dinheiro no Brasil. Eu me tornei conhecido internacionalmente por meus conhecimentos sobre sequestros. Fiz contatos com cartéis de todo o mundo. Eu era um empresário do crime. Eu era um gênio no planejamento de estratégias e táticas e na criação de atividades criminais inovadoras. Consequentemente, quando fui para a prisão, eles estavam sempre em alerta de alta segurança. Eu era muito vigiado para que não fugisse por causa do meu passado em inteligência militar e meus conhecimentos sobre o crime. Se eu quisesse escapar eu o teria feito, entretanto eu queria cumprir minha sentença.

A primeira vez que realmente conheci Ronaldo, meu verdadeiro eu, eu estava preso. Eu tive uma experiência divina. Antes daquela experiência, eu sempre via a mim, me importava comigo, Ronaldo. Não era o Ronaldo, o marido, ou Ronaldo, o pai – era somente sobre mim. Aquela experiência divina me ensinou a ver outras pessoas e que você só pode ser amado se amar. Durante aquele período, minha esposa parou de me visitar, então eu comecei a participar das visitas com as famílias de outros presos e aprendi com elas. Também comecei a me encontrar com três conselheiros religiosos, um católico, um protestante e um espírita. Após algum tempo, ganhei a confiança do diretor da prisão, e ele começou a me conceder mais liberdade. Comecei a organizar atividades esportivas; também comecei a organizar grupos espirituais. Logo o diretor da prisão também me deu a liberdade de organizar atividades para os filhos dos prisioneiros; organizar times de futebol, teatro, música e outras atividades recreativas. Então, comecei a trabalhar com meus companheiros de prisão. Desenvolvi e ensinei qualificações profissionais para prepará-los para o trabalho quando eles saíssem da prisão. Agora eu não tinha apenas a confiança da administração, eu havia conquistado a confiança dos meus companheiros de prisão.

Em 1994 comecei a trazer trabalho e empregos para a prisão. A Copa do Mundo estava acontecendo e havia um concurso no Brasil para a rua mais bem decorada. Vi uma oportunidade para os prisioneiros trabalharem e contribuírem, então começamos a produzir bandeiras brasileiras. Começamos a fazer as bandeiras em nossas celas e depois aquilo virou uma operação em larga escala. Logo, estávamos enviando bandeiras para todo o Brasil.

> *"Rodrigo, o diretor de educação e eu aceitamos o desafio de iniciar o primeiro programa de treinamento de tecnologia em uma prisão no Brasil."*

O que eu mais queria fazer era ensinar aos prisioneiros capacidades que eles pudessem usar quando saíssem da prisão e, em 1998, eu consegui essa oportunidade. O diretor de educação me perguntou se eu gostaria de me reunir com Rodrigo para explorar a criação de um programa de educação tecnológica dentro da prisão. Nós nos reunimos, e Rodrigo, o diretor de educação e eu aceitamos o desafio de iniciar o primeiro programa de treinamento de tecnologia em uma prisão no Brasil – juntos, criamos o primeiro centro CDI em uma prisão. Eu ensinei 20 dos prisioneiros a se tornarem educadores e eles começaram a ensinar tecnologia às suas famílias. Aquilo mudou o relacionamento entre os prisioneiros e suas famílias porque suas famílias não apenas viam que eles estavam aprendendo tecnologia, mas alguns deles estavam, na verdade, ensinando tecnologia. Imagine o novo respeito que passaram a ter por seus maridos, pais e irmãos.

Isso foi quando o Brasil aprovou uma lei para começar a colocar laboratórios de tecnologia em escolas públicas. A escola da prisão era uma escola pública oficial, assim os professores tinham que ensinar tecnologia. Consequentemente, os 20 prisioneiros a quem eu havia ensinado a serem professores começaram a ensinar na escola aos educadores como usar um computador. Logo os guardas também queriam aprender e os prisioneiros começaram a ensinar tecnologia a eles. Imagine a mudança de paradigma.

O programa foi tão bem-sucedido que decidimos ser tempo de nos mover para além das muralhas da prisão. Então estabelecemos dois novos centros comunitários CDI fora da prisão (CISC – Centro para Integração Social e Cultural) e outro dentro do estádio do Maracanã. Eu ainda estava preso, assim eu dirigia esses centros CDI de dentro da prisão.

> *"Dos 225 ex-prisioneiros que aderiram ao programa, 189 o completaram e apenas 1 retornou à prisão; uma incrível taxa de reincidência."*

Eu não queria apenas ajudar os prisioneiros a obterem as habilidades para conseguirem emprego, eu também queria que eles criassem novos trabalhos através da criação de microempresas. Então eu criei uma incubadora para microempreendimentos. Dos 225 ex-prisioneiros na incubadora, 50% já possuem empresas próprias em funcionamento. Dos 225 ex-prisioneiros que aderiram ao programa, 189 o completaram e apenas 1 retornou à prisão – uma incrível taxa de reincidência.

Nós somos patrocinados pela Petrobras, a maior empresa de petróleo do Brasil. Nós também recebemos reconhecimento do presidente Lula. Temos sido entrevistados em todos os canais de mídia de alto tráfego. Em função dos excelentes resultados, em 2008 eu me tornei o primeiro sequestrador em série a me tornar um Ashoka Fellow. Estamos agora tentando expandir este programa em outros 10 estados do Brasil.

Valores

Em um nível profundamente pessoal, eu valorizo a **transparência,** a **fidelidade** e o **espírito divino.**

Transparência, porque a falta de transparência é a falta da verdade. A vida está cheia de meias verdades, então para ganhar a credibilidade verdadeira, para ganhar real confiança, você precisa ser transparente.

Fidelidade, porque por muitos anos da minha vida fui um traidor.

O que mais valorizo é difícil definir. Vou chamá-lo de **espírito divino**. Eu tive uma experiência divina que não consigo explicar racionalmente hoje. Quando fui solto da prisão, eu dirigi o centro CDI de fora da prisão. Um dia, entrei na prisão para dar um seminário a mais de 900 prisioneiros. O incentivo para eles comparecerem ao seminário era a promessa de quantidade extra de comida ao final do curso. A comida não veio naquele dia, nem no dia seguinte.

Passaram-se trinta dias e eu não havia, ainda, cumprido minha promessa. Os prisioneiros estavam muito zangados e faziam planos para me matar. No dia em que eles iriam executar o plano, ficaram em fila na escada, preparados para me executar. Eu mantive a cabeça baixa. Incrivelmente, *nenhum deles me atacou; nenhum deles sequer olhava para mim*. Repentinamente, constatei que eles não podiam me enxergar. Eu saí da prisão e eles só me viram após eu ter passado pelos portões dela. Acredito que o espírito divino me tornou invisível para eles. Acredito no poder transformador do espírito divino.

Visão

Pelas Olimpíadas de 2016 nós, a comunidade do Rio, estamos trabalhando juntos. Estamos preparados para atender às suas exigências e todos estão trabalhando para fazer delas um sucesso. A população adulta é muito profissional e temos 2.000 jovens prontos para competirem nas Olimpíadas.

Minha Mensagem

Aos cínicos, sem esperança

A vida pode mudar.

Aos jovens

Sejam a vida que desejam.

Tantos jovens pensam que a vida acontece e o que eles fazem não importa. Eles precisam ser a vida que desejam.

Minha Maior Lição

"A maior lição que aprendi da vida foi a de ver e agarrar as oportunidades."

Maria do Socorro
Presidente da ASVI

"Eu me tornei completamente obcecada pelo trabalho; era muito realizador."

Sou do Ceará. Meu pai se mudou para o Rio com quatro crianças, buscando uma vida melhor. Morei em várias favelas no Rio. Nunca vou esquecer quando eu tinha 5 anos e costumava chorar muito porque ouvia tiros à noite. O banheiro na nossa casa não era nada além de um buraco no chão. Antes de mudarmos para o Rio, minha família morava na casa da minha bisavó. Era uma casa grande, um estilo de vida completamente diferente. Meus pais sempre deram importância à educação, então quando eu tinha 15 anos decidi que queria ser psicóloga. Entrei para a universidade e trabalhei muito duro. Trabalhava à noite como datilógrafa – de meia-noite às 6 da manhã para pagar a faculdade e ia para a aula durante o dia. Eu estudei psicologia clínica; não sentia atração pela psicologia social. Meu plano era abrir um pequeno consultório; nunca pensei em trabalhar em comunidade.

"Posso contar nos dedos de uma das mãos a quantidade de garotos que abandonaram e retornaram à vida de crime e drogas."

Então, em 2001, tudo mudou. No início eu trabalhava com a igreja, aconselhando pessoas com problemas psicológicos. Então alguém procurou a igreja para conversar sobre iniciar um projeto para a comunidade; trabalhar com jovens, era como se fosse uma creche. A igreja deu a eles o espaço e eles queriam alguém para trabalhar no programa que representasse a igreja. Eu pensei no início que eu apenas estaria representando a igreja, mas depois que comecei a trabalhar com os garotos e suas famílias e compreendi suas necessidades, me tornei profundamente envolvida. Minha vida mudou.

Eu fazia tudo, desde preparar sanduíches para as crianças até visitar suas famílias. Tornei-me obcecada pelo trabalho; era muito realizador. Saber que você está fazendo uma diferença nas vidas das pessoas é uma sensação maravilhosa. Logo comecei a trabalhar com jovens, adolescentes. Eles iam para o programa após a escola e falavam, falavam, falavam; eles precisavam de alguém que os escutasse. Eles tinham tanta coisa para colocar para fora e ninguém para ouvi-los. Logo tínhamos mais de 450 jovens no programa. Nós lhes ensinávamos qualificações que lhes possibilitasse conseguir um trabalho, como tecnologia de informação. Nós os aconselhávamos sobre prevenção de drogas, uso de drogas, relações humanas e ética. Tivemos ótimos resultados. Posso contar nos dedos de uma das mãos a quantidade de garotos que abandonaram e retornaram à vida de crime e drogas. Os outros 445 jovens estavam trabalhando duro, indo à escola e conseguindo emprego.

Em 2006 tivemos alguns problemas financeiros na igreja e precisamos encerrar o programa. Por eu estar tão profundamente envolvida, as pessoas achavam que eu era a gerente do programa e ficavam me chamando para perguntar quando o programa começaria novamente. Motivada pela juventude e pelo meu próprio comprometimento, voltei à sacristia e perguntei ao padre se eu podia começar o programa de novo. Voluntariei-me para trabalhar com um pequeno ou nenhum salário. Ele decidiu me dar o espaço gratuitamente e eu pude reiniciar o programa. Comecei a pedir contribuições e voluntários. Aproximei-me de uma organização comunitária que era de um grupo de mulheres que faziam reciclagem. Decidimos unificar os programas e criamos legalmente a ASVI.

O CDI soube a respeito do nosso bom trabalho – vieram nos visitar e fizeram uma avaliação de diagnóstico para verificar se nossa liderança estava de acordo com seus critérios. Em nossa organização nós sempre ensinamos IT e direitos dos cidadãos, mas nós os tínhamos como programas separados. Com o CDI nós pudemos unificá-los e atender pessoas de todas as idades na comunidade. A parceria CDI/ASVI transformou nossa organização e os resultados foram fabulosos.

Obstáculos

"Fui reconhecida como uma das cinco mais proeminentes mulheres líderes no mundo."

Nossos resultados foram tão fantásticos que em 2006 fui reconhecida como uma das cinco mais proeminentes mulheres líderes no mundo pelo programa "Promovendo Mulheres Líderes para o Desenvolvimento". Viajei a Nova Iorque para a cerimônia do prêmio. Foi outro momento de definição na minha vida. Foi uma experiência incrível – eu estava com as mulheres mais fantásticas. O reconhecimento incluía uma experiência de aprendizagem de um mês que era muito exigente. Eu tinha que superar grandes obstáculos. Enquanto eu estava lá, meu marido estava hospitalizado no Rio, o que foi muito estressante. Além disso, os cursos eram em inglês e eu não falava o idioma. Sempre que eu pensava em sair, essas mulheres maravilhosas me encorajavam a permanecer.

As mulheres ficaram muito interessadas em nossa organização. Elas ficaram fascinadas pela nossa abordagem e resultados. Mais do que tudo, elas ficaram fascinadas pelo fato de que nós dirigíamos a organização em uma base totalmente voluntária, sem recursos externos; todo o pessoal é voluntário da ASVI, incluindo eu mesma. Elas ficaram tão interessadas que as convidei a irem para o Rio e visitar nosso Centro. Eu não esperava que elas viessem realmente – mas elas vieram. Enquanto isso acontecia, a condição de meu marido piorou e ele morreu um mês depois. Eu estava confusa e muito desanimada; entretanto, aquelas mulheres de todo o mundo entraram em contato comigo e me deram apoio e encorajamento – eu continuei, amo o que faço e sempre que penso em conseguir um emprego remunerado sou puxada de novo para esse trabalho.

Visão

Minha visão é a de ver muitos dos jovens tendo seus pequenos negócios ou seus empregos, e devolver o que receberam da comunidade, ensinando no CDI. Eu os vejo dando aulas de inglês, ensinando tecnologia, ensinando habilidades empresariais.

Valores

"Mais do que tudo, valorizo o amor – sem amor, nada acontece."

Eu valorizo a amizade, a humildade e o amor – Humildade, mas não fraqueza. Mais do que tudo, valorizo o amor – sem amor, nada acontece.

Minha Mensagem

Aos cínicos

Por que vocês não olham para seu próprio umbigo? Parem de julgar outros que estão tentando fazer uma diferença. Se vocês não estão olhando para si próprios e estão criticando outros, vocês estão gastando menos tempo procurando se tornar pessoas melhores.

Aos jovens

Amem a si próprios; se amarem a si próprios, vocês amarão ao próximo.

Minha Maior Lição na Vida

A cada dia eu aprendo alguma coisa nova; essa é a maior lição que aprendi na vida.

Alexander "Leco" Carlos
Coordenador de Tecnologia para o CDI-RJ

"Meus pais mantinham a visão de que seus filhos teriam uma vida melhor do que a deles."

Venho de origem muito humilde. Fui criado no Morro dos Macacos, uma comunidade de baixa renda no Rio. Minha família era muito pobre e ninguém tinha além da educação de nível secundário até a minha geração. Meu pai tinha estudado até a oitava série. Na maior parte da minha vida, ele trabalhava recolhendo e reciclando lixo, agora ele tem um pequeno armazém. Minha mãe trabalhava como empregada doméstica. Mesmo tendo eles vindo de origem humilde, sempre destacaram a importância da educação. Visão e valores sempre foram muito importantes para meus pais. Eles mantinham a visão de que seus filhos teriam uma vida melhor do que a deles. Eles desejavam que nós tivéssemos educação formal e empregos profissionais. Eles não nos ensinaram somente a valorizar a educação, também nos ensinaram a respeitar e tratar bem os outros e sempre valorizar a família.

Eu morava na comunidade mais violenta do Rio. A mídia estava sempre reportando a violência na minha comunidade. Havia apenas uma organização social de responsabilidade em toda a comunidade de 35 a 40 mil pessoas, trabalhando pela melhoria das vidas das pessoas – o CEACA – Centro para Educação e Ação Social para Crianças e Adolescentes. A primeira vez que fui ao CEACA foi quando eu era uma pequena criança (1 ano de idade). Eu ia para a creche do CEACA. O CEACA sempre estava presente para as pessoas de nossa comunidade. Eles são muito holísticos. Trabalham com pessoas desde a creche até programas para idosos.

A primeira vez que entrei em contato com o CDI foi há 15 anos. Eu estava procurando emprego. Estava tentando descobrir o que eu ia fazer da vida. Vi amigos entrando para as drogas e para gangues e queria evitar isso, então pensei em me alistar no Exército. Eu tinha 17 anos quando descobri o CDI. Foi um momento crucial porque, naquela época, as gangues de traficantes de drogas no Rio de Janeiro não deixavam ninguém participar delas enquanto não completasse 18 anos e eu estava rapidamente me aproximando daquela idade. Então eu me alistei no Exército, mas nunca fui chamado. Eu estava ficando sem opção; se não conseguisse um emprego ou fosse chamado pelo Exército, a única opção seria entrar para a gangue. Finalmente, consegui um emprego como contínuo, fazendo entregas e tirando cópias.

Eu havia descoberto o CDI através do CEACA, que, àquela altura, era parceiro do CDI. Decidi fazer meu primeiro curso no CDI. Depois de tê-lo concluído, o coordenador me convidou para começar a trabalhar no CDI. Foi um momento de definição – um momento de virada na minha vida. A oferta de alguém para que eu tivesse a oportunidade de iniciar uma carreira foi absolutamente fundamental para a direção que minha vida tomou.

> *"Mais de 18 mil pessoas foram treinadas nesta comunidade do centro CDI e 5 mil pessoas da comunidade usaram os nossos serviços."*

Eu acabei trabalhando no centro CDI lá por 8 anos. Primeiro eu era um estudante, e depois um monitor, depois me tornei professor e mais tarde um coordenador. Atualmente, após 13 anos, sou o coordenador de tecnologia para todos os 83 centros do CDI no Estado do Rio de Janeiro. Quando comecei como coordenador no centro do CDI no CEACA, eu tinha 2 salas e uma equipe de duas pessoas que treinavam os jovens em nossa comunidade. Em 5 anos, eu expandi o centro para 10 salas e uma equipe de 20 pessoas. Tive a oportunidade de ajudar a construir o centro. Com a parceria inovadora CDI/CEACA e as necessidades da comunidade, o centro começou a crescer. Criamos 2 salas voltadas para jovens na escola. Depois, criamos outras 2 salas para os jovens que estavam ingressando na economia formal. O foco daquele trabalho era prepará-los para seus primeiros empregos. Então criamos uma sala para pessoas da terceira idade que estavam no final de seu ciclo de trabalho. O desafio seguinte foi dar sustentabilidade financeira para a organização como um todo. Decidimos criar dois microempreendimentos – dois cybercafés e um bureau de serviços que oferecia: design de websites, design gráfico, impressão, escâner – qualquer coisa relacionada a computadores e tecnologia, você podia vir para o CEACA/CDI. Assim, tive a oportunidade de colaborar na criação de um novo modelo para todos os centros CDI. Evoluímos das salas de aula onde ensinávamos as pessoas como usarem computadores para centros comunitários prestadores de serviços.

Mais de 18 mil pessoas foram treinadas neste centro comunitário CDI e 5 mil pessoas da comunidade usaram nossos serviços. Em uma comunidade onde quase ninguém possui um diploma de curso secundário, 5 entre as 20 pessoas que trabalham no CEACA estão estudando em uma universidade e 3 foram trabalhar em empresas multinacionais.

> *"O trabalho mais importante do CDI não é o ensinamento de tecnologia, é o despertar da compreensão crítica, a consciência crítica de que você pode transformar sua vida."*

Estamos ensinando pessoas a se questionarem e mudarem suas realidades. O trabalho mais importante do CDI não é o ensinamento de tecnologia; é o despertar da compreensão crítica, a consciência crítica de que você pode transformar sua vida. A experiência me ensinou a seguir meus sonhos. Não apenas estou realmente amando meu trabalho como coordenador do CDI em 83 centros comunitários, como também estou na universidade, completando meu curso superior. Estou estudando tecnologia em uma faculdade e acabo de comprar um carro. Estou fazendo meus sonhos virarem realidade.

Visão

Minha visão para o CDI é aproveitar tudo que aprendemos no CEACA e evoluir as outras escolas do CDI – expandir o modelo. Estamos ainda em um terço do caminho. Minha visão para mim é concluir a universidade.

Valores

A família vem em primeiro lugar; a família é minha âncora.

Respeito e amor para a pessoa que está ao seu lado. Isso me permite ser autêntico com outras pessoas.

Força de vontade: é com força de vontade que criamos nossos sonhos. Com esta força podemos enfrentar os desafios, não importa quão grandes eles sejam, nós poderemos superá-los. Acredito que a força de vontade é meu dom especial. Ela tem me permitido superar muitos obstáculos e realizar meus sonhos.

Uma Mensagem

"Quando qualquer parte de nossa comunidade está afundando, a sociedade inteira afunda. A única coisa que torna as pessoas pobres diferentes é a falta de oportunidades. As pessoas realizam, podem e desejam modificar suas vidas."

Wanderson da Silva Skrock

Coordenador Assistente da Comunidade
Francisco do CDI

"Eu me tornei mais e mais poderoso na minha comunidade por causa do meu papel como traficante de drogas na gangue."

Meu primeiro encontro com o CDI foi enquanto eu estava cumprindo pena em um centro de detenção juvenil. Eu venho de uma casa de uma mãe solteira com 5 filhos; eu sou o único menino. Mudamos do sul do Brasil para o Rio em busca de emprego.

Fomos para uma favela no Complexo do Alemão, uma comunidade dominada pelo tráfico de drogas. Notei que fazer parte de uma gangue dava às pessoas visibilidade, poder e dinheiro. Comecei a usar drogas e a conhecer os traficantes.

Comecei a fazer pequenos favores para eles e minha função cresceu e cresceu. Eu estava vendendo drogas quando tinha 14 anos.

Era muito difícil para minha mãe ter seu único filho dando um mau exemplo para o resto de suas crianças. Eu me tornei mais e mais poderoso na minha comunidade por causa do meu papel como traficante de drogas na gangue. Minha vida se resumia a vender drogas, fugir da polícia e tiroteios com a polícia e gangues rivais até que me pegaram e fui mandado para a prisão.

Nunca imaginei que me pegariam e me mandariam para a prisão.

> *"Eu era responsável por cortar, misturar, vender, acompanhar e contabilizar todas as drogas que entravam na região."*

A sensação que tive de perder minha liberdade foi insuportável. Apesar do fato de ser uma prisão para menores, as condições eram horríveis – ela era dirigida pelos garotos. Eu tinha recebido uma sentença máxima de 6 meses. Quando saí da prisão retornei ao tráfico e me tornei muito poderoso. Eu tinha ganhado a confiança dos meus companheiros da gangue porque eu não os delatei quando fui capturado, então, quando voltei, fui promovido. Logo me tornei um dos membros mais poderosos da gangue, alguém entre o chefe de operações e o chefe financeiro. Eu era responsável por cortar, misturar, vender, acompanhar e contabilizar todas as drogas que entravam na região. Eu estava movimentando um milhão e meio de reais por mês, 250 mil por semana.

Então me pegaram de novo e voltei à prisão. Após ter cumprido a maior parte da minha sentença, fui enviado a uma casa de recuperação que tinha uma escola do CDI dentro dela. Naquele período, os três líderes mais poderosos da minha gangue foram mortos e eu não sabia em quem eu podia confiar ou que pessoas viriam a ser os novos líderes, então decidi que seria melhor ficar quieto na casa de recuperação. Enquanto estava lá, Valdinei, um educador do CDI, começou a conversar comigo sobre me envolver com o CDI. No início não compreendi como o CDI podia fazer alguma diferença na minha vida. Valdinei sabia como falar com os prisioneiros; ele sabia o que tínhamos passado, então ele sabia como se relacionar conosco. Ele também tinha a visão e a intuição de nos enxergar como garotos não apenas como traficantes de drogas. Ele me disse: *"Dê-me um mês, apenas experimente o CDI por um mês e então veja como você se sente a respeito".* Não havia mais nada para ocupar meu tempo, então decidi dar uma oportunidade ao programa.

Quando vi os computadores pela primeira vez, vi que eles eram equipamentos caros que podiam ser trocados por dinheiro. Entretanto, à medida que eu me tornava educado na Internet, aprendi sobre os centros de compras e as praias que estavam próximos, fora da minha comunidade, e que eu nunca havia visto; nunca nem soube que eles estavam lá. Quando eu era um membro poderoso da gangue, eu tinha poder, dinheiro, garotas e status, mas não tinha liberdade. Eu não podia sair além da minha comunidade pelo medo de ser preso e porque eu não tinha conhecimento do que existia além da minha comunidade. O instrutor do CDI viu que eu estava fascinado pela Internet e se interessou por mim e começou a trabalhar comigo. Eu estava aprendendo muito.

> *"...Tornei-me um instrutor do CDI na mesma casa de recuperação onde eu havia sido prisioneiro!"*

Minha família viu que eu estava me aplicando, estudando e aprendendo e comecei a desenvolver um relacionamento muito melhor com ela. Foi uma das primeiras vezes que vi minha mãe sorrir. O instrutor do CDI viu que eu aprendia rápido e que eu estava muito interessado em tecnologia. Ele me chamava para ajudar os outros prisioneiros. Então, um dia ele veio a mim e me informou que haveria um treinamento para instrutores do CDI e me convidou a ir. Eu pensei: não, não posso fazer isso. Uma coisa é ajudar, mas me tornar um instrutor – *"o que meus amigos iriam pensar de mim?"* Ele disse: *"Você quer voltar para as ruas onde as chances são de que você será morto pelo tempo que você tiver 20 anos ou você quer usar seu potencial para ajudar a melhorar sua vida e a de outras pessoas?"* Então eu fiz o curso e quando concluí existia uma vaga para professor e eu me tornei um instrutor do CDI na mesma casa de recuperação onde eu havia sido prisioneiro! Isso foi há dois anos e meio; eu estava com 18 anos. Quando fui solto, voltei à minha comunidade e disse aos membros da minha gangue que eu não queria retornar para aquela vida; eu queria ensinar. O líder da gangue me deu permissão para deixá-la porque eu não havia delatado seus membros quando fui preso e não devia nada a eles.

> *"Eventualmente, as turmas tinham prisioneiros, policiais, oficiais de condicional e pessoas da comunidade, todos aprendendo na mesma sala."*

A casa de recuperação tinha uma péssima reputação, então eu decidi mudar isso. Eu falei com o CDI sobre abrir as aulas de tecnologia para a comunidade; metade da turma era de prisioneiros e a outra metade de gente da comunidade. Eventualmente as turmas tinham prisioneiros, policiais, oficiais de condicional e pessoas da comunidade, todos aprendendo na mesma sala. Eu me lembro de uma moça da comunidade que apareceu mas não se juntou à turma. Após o término da aula, ela se aproximou de mim e disse que se sentia desconfortável sentando ao lado de criminosos. Eu perguntei a ela: *"O que eu represento para você?"* Ela disse: *"Você é meu profes-*

sor – você está me dando algo de valor que poderei carregar comigo por toda a vida". Eu disse a ela que dois meses antes eu era um desses rapazes da casa de recuperação, cumprindo sentença por um crime parecido. Daquele momento em diante, ela se sentiu confortável com os garotos. Até hoje ela vem ao centro e traz doces para eles.

Recentemente fui promovido para a central do CDI no centro da cidade, em um grande espaço cultural no Rio, onde o Chico Buarque, o famoso músico do Brasil, o "Bob Dylan do Brasil" comanda o centro. Ele iniciou o centro e é o maior atualmente, com 55 computadores.

"Sou uma nova pessoa, com uma nova vida."

Minha vida se transformou totalmente. No ano passado viajei de navio pela primeira vez, para um evento organizado pela British Gas Energy; 55 empresas estavam lá. Fui o principal orador no evento. Em novembro do ano passado, voei pela primeira vez para comparecer a um encontro com Michael Dell. Dell é o maior parceiro do CDI. Michael estava visitando um dos centros do CDI próximo à fábrica da Dell e eu estava em uma reunião com ele juntamente com Leco, Maurício e Rodrigo. Sou uma nova pessoa, com uma nova vida.

Voltei para a escola, saí da minha antiga vizinhança e agora sou coordenador do CDI no seu maior centro. Outro dia voltei para visitar o centro CDI da minha antiga comunidade e encontrei um dos líderes da gangue à qual eu pertencia. Ele me perguntou: *"Como está indo essa droga de CDI, eu vi você na TV"*. Ele me perguntou se eu queria voltar para minha vida antiga e eu disse a ele: *"Não, eu estou bem"*.

Minha Maior Lição de Vida

Há muito que aprender na vida. Mesmo quando você pensa que sabe tudo sempre há tanto o que aprender. Mesmo a pessoa mais rica ou mais celebrada tem muito que aprender na vida.

Você pode mudar sua vida. Algumas vezes quando passamos por estágios difíceis em nossa vida, pensamos que é assim que ela vai ficar para sempre. Acreditamos que esta é a nossa parte na vida. É aí que você tem que lutar o mais que puder para ver e descobrir que pode mudar sua vida.

Valores

"Eu valorizo minha filha, minha vida e a responsabilidade social – nessa ordem."

Visão

Eu gostaria de ver todas as comunidades no Rio crescerem em parceria com o setor social. Eu gosto de ver as mudanças acontecendo; acredito que estamos prontos para mudar e crescer.

Uma Mensagem

Aos jovens

Acordem! Sejam responsáveis por suas ações, porque a vida não é uma piada. Eu perdi muitos dos meus amigos, portanto apreciem sua vida.

Conclusão do CDI

A história do CDI é uma evidência de que podemos mudar o mundo pessoa a pessoa, comunidade a comunidade. Suas histórias nos ensinam que não são necessárias muitas gerações ou centenas de anos para criar a mudança. A tecnologia nos deu uma poderosa ferramenta para nos conectarmos, nos relacionarmos, aprendermos e agirmos para transformar nossas vidas. A metodologia única e poderosa do CDI de combinar a tecnologia com a mudança social e a ação social é uma inovação que pode transformar vidas e elevar as comunidades em qualquer lugar. Se escolhermos usar essas ferramentas poderosas, combinadas com nossa visão determinada e nossos valores para a criação de um mundo melhor, poderemos dar saltos exponenciais no desenvolvimento da humanidade. Sabemos que temos os meios para tornar realidade nossas mais caras aspirações. Agora temos a capacidade de tornar realidade nossas esperanças e sonhos.

PARTE

3

Visões para um Mundo Melhor

Razões que nos Compelem a Mudar

Agora, mais do que nunca, necessitamos imaginar nosso futuro, visualizar o mundo que desejamos criar para nossos filhos, nossas futuras gerações e para nós mesmos. As mudanças que experimentamos através das últimas décadas, em termos de meio ambiente, de tecnologia, de economia, de política e de alterações sociais sacudiram nosso senso de realidade. O mar de mudanças em que estamos vivendo nos exige resposta para algumas perguntas cruciais: "O que é importante na vida? Que valores precisamos abraçar e construir no nosso futuro? Que tipos de organizações, instituições, comunidades e vidas queremos criar juntos?" As pessoas estão lutando com essas perguntas em todos os setores da vida: nas famílias, comunidades, organizações e governos. E, mais ainda, parece haver um desejo crescente ou uma necessidade de viver com um sentido de propósito, de ser deliberado quanto a como vamos formatar nossas organizações e comunidades. Um novo nível de confiança e responsabilidade é, assim, exigido de nós.

Quando eu estava crescendo, pensava que tudo já havia sido descoberto ou inventado. Eu costumava me maravilhar e imaginar sobre como devia ter sido ser um pioneiro – um grande inventor, um grande descobridor, um grande explorador. Para minha grande surpresa, estou descobrindo – não por viajar para o espaço ou desbravar as florestas, mas simplesmente pela minha participação e por testemunhar o mundo hoje enquanto ele se transforma em alguma coisa que ele nunca foi antes.

O falecido mestre de administração Peter Drucker descreve nossa era em seu livro *Post Capitalist Society* (A Sociedade Pós-capitalista) como "A Grande Divisão". Ele escreve:

> *"Durante alguns anos na história ocidental, ocorre uma profunda transformação. Atravessamos uma divisão. Dentro de poucas décadas, a sociedade se reorganiza; seus pontos de vista básicos; sua estrutura social e política; suas artes; suas instituições fundamentais. Cinquenta anos depois temos um novo mundo. E as pessoas que nasceram então não conseguem sequer imaginar o mundo no qual seus avôs viveram, e no qual seus pais cresceram. Nós estamos atualmente vivendo uma dessas transformações".*

Com a aceleração da mudança e a explosão de inovação tecnológica, acredito que não apenas nossas crianças experimentarão um mundo totalmente novo, mas que nós mesmos estamos vendo esse novo mundo se abrir aos nossos olhos. Como ele se desdobra vai depender de como o vemos e o que pensamos sobre o mundo; e as decisões que tomarmos agora irão formatar poderosamente nosso futuro.

O antropólogo George Land descreve nossa era como um "ponto de ruptura" em seu livro *Break Point and Beyond*. Como muitos futuristas, ele acredita que estamos no meio de uma mudança sem precedentes e que estamos passando por uma mudança fundamental no nosso mundo. O autor britânico de livros de negócios Charles Handy acredita que a mudança hoje é tão abrangente que ele a chama de uma mudança "descontínua" que exige "um pensamento de cabeça para baixo".

A mudança se tornou tão rápida, tão imprevisível e tão difusa que muitas de nossas soluções, sistemas, processos, estruturas, políticas e comportamentos do passado não são suficientes para hoje. Todas as principais instituições estão passando por mudanças fundamentais. Constantemente escutamos palavras como "reinvenção", "renovação", "mudança" e "transformação". Nenhuma organização, comunidade, instituição ou pessoa pode evitar ter de lidar de alguma forma com a mudança. Descobertas na ciência, na medicina e na tecnologia da informação, a nova física, e as últimas pesquisas sobre o cérebro – tudo isso está desafiando as premissas básicas pelas quais construímos nossas sociedades e organizações. Essas inovações e descobertas exigem que repensemos tudo: como vivemos, como nos relacionamos, como trabalhamos, como aprendemos e como crescemos.

Um amigo meu descreveu nossos tempos dessa forma: "É como se o passado tivesse renunciado à sua influência sobre o futuro". De fato, não há resposta fácil, caminho determinado, prescrições, gurus ou grandes líderes para nos salvar. Temos que aprender juntos como estar nesse novo mundo.

Embora pareça e nós tenhamos a sensação de que essas mudanças ocorreram da noite para o dia, se dermos um passo atrás e refletirmos, veremos que elas estão se desenvolvendo há muito tempo. Como as fissuras que se formam sob o nível da água em um iceberg, as rachaduras em nosso mundo vinham se multiplicando e aprofundando por milhares de anos. Nossa era de globalização, tecnologia e escassez de recursos está expondo as fundações fracas sobre as quais foram construídas muitas das nossas instituições e organizações. Nosso maior erro pode ter sido acreditarmos que as premissas históricas e crenças sobre as quais construímos nossas vidas eram sólidas e suficientemente fortes para nos levar ao futuro. Estávamos errados. Muitas de nossas instituições, organizações, nossas decisões e comportamentos são baseadas em premissas erradas sobre as pessoas e a natureza. Aquelas fundações fracas estão agora desmoronando sob o peso de crenças erradas e decisões pobres. Se encontrarmos a coragem para olhar honestamente o mundo que criamos, nós somente iremos desejar mudá-lo e melhorá-lo.

Muito frequentemente desrespeitamos, abusamos e desconsideramos o próprio lugar do qual dependemos para a vida – ***nosso planeta***. Envenenamos a água que bebemos e o ar que respiramos. Destruímos os recursos naturais necessários para reabastecer a Terra para que todas as coisas vivas sobrevivam. Como Paul Hawken colocou no seu discurso de abertura para a turma de 2009 da Universidade de Portland, *"... todo sistema vivo está declinando"*. Não acredito que nosso planeta irá morrer. Apesar de a Terra ter sido nossa anfitriã paciente, nos amando e nos nutrindo, se não mudarmos, ela tem o poder de defender sua própria vida e convocar a natureza para se limpar dos humanos, para que ela possa se renovar e florescer novamente.

Nós violamos a mais sagrada lei da maioria das nossas crenças religiosas – *"Não matarás"* e nós o fazemos em nome de Deus e do país. Tristemente, usamos nossos jovens como armas para lutarem *em nossas* guerras. Não consigo imaginar uma mãe em qualquer lugar do mundo dar um filho à luz com a intenção de mandá-lo morrer em uma guerra. No dia em que as mulheres do mundo decidirem que não haverá mais guerras elas não acontecerão.

Em muitas sociedades as mulheres são oprimidas, subavaliadas e depreciadas. Oprimir 50% do talento, energia e imaginação que as mulheres e garotas poderiam fornecer para o crescimento e desenvolvimento de nosso mundo não é racional. Isso limita o potencial de toda a raça humana e coloca o mundo fora do seu equilíbrio. Acredito que as mulheres possuem qualidades e comportamentos dos quais o mundo necessita desesperadamente: mais mulheres possuem um profundo comprometimento em nutrir o crescimento e o desenvolvimento da vida. Quando confrontada com conflitos, a maioria das mulheres busca soluções vencer/vencer; a violência raramente é sua escolha. As mulheres confiam em sua intuição; elas tomam decisões com seus corações assim como com suas mentes. A maioria das mulheres tende a dar valor à compaixão e à graça, em detrimento da arrogância e músculos, e o amor incondicional está geralmente no coração de seus relacionamentos.

Nossas crianças vêm por último. Muitas crianças estão subavaliadas e pouco educadas e mal nutridas. Na América, uma das nações mais ricas do mundo – um milhão de estudantes americanos do curso secundário abandonam os estudos anualmente – mais da metade dos jovens afro-americanos e americanos nativos não irão se formar com a sua turma, e menos de 6 entre 10 hispânicos vão se formar no tempo correto. Um desmedido número de crianças em nosso mundo vive no limite da pobreza. Mais perturbador, as sociedades no mundo tomam decisões e praticam ações que não respeitam ou valorizam realmente as crianças.

O dinheiro se tornou o Deus que muitos de nós veneramos. Colocamos o dinheiro antes das pessoas, das famílias, das comunidades e do nosso planeta. Valorizamos quantidade acima da qualidade, e coisas materiais mais do que a vida. Nós vendemos nossa humanidade pelo poderoso dólar. Nossos sistemas econômicos e nossas medidas estão atrasados. A maioria dos líderes foca nas coisas erradas. Nosso monolítico foco de curto prazo no lucro econômico em vez da criação de valor é um incentivo para a ganância e para o abuso. Não é compatível com valores democráticos e princípios e não é sustentável. Albert Einstein tinha um cartaz pendurado em seu escritório em Princeton onde se lia:

> *"Nem tudo que conta pode ser contado e nem tudo que pode ser contado conta."*
>
> Albert Einstein

A maioria das práticas de administração não valoriza as pessoas. Nossa cultura de local de trabalho não é produtiva nem gentil. A maioria de nossas organizações é preparada para as pessoas servirem a estruturas, sistemas e regras, em lugar de estruturas e sistemas servindo a pessoas para lhes permitir realizar a missão, visão e metas da organização. Muitas organizações não são locais onde as pessoas podem contribuir com seus dons, aprender e crescer. Tem havido uma batalha constante para trazer a humanidade ao seu local de trabalho. Muitos dos locais onde passamos a maior parte das nossas vidas, quando estamos acordados, são locais de confiança rompida. O resultado: as pessoas frequentemente estão confusas, desencorajadas e desapontadas. Pessoas desapontadas raramente estão dispostas ou são capazes de dar o melhor de suas mentes, corações e energia.

Enquanto trabalhava com a EVERTEC, na Popular, Inc., eu tive a oportunidade de trabalhar com uma equipe inovadora composta de pessoas jovens e brilhantes da cultura da Internet. Richard Carrion, o CEO, encarregou o grupo de criar um produto de Internet totalmente novo e que representasse um efetivo avanço, e eles receberam a missão de desenvolvê-lo melhor, mais rápido e mais barato do que qualquer outro produto no mercado. Ele lhes deu permissão de quebrar as regras da hierarquia. Eles ignoraram as políticas corporativas no que tocasse a estruturas e fronteiras. Eles não receberam um centavo a mais de salário e no entanto trabalharam como se a vida deles dependesse daquilo. Eles desenvolveram amizades profundas e significativas, divertiram-se, foram bem-sucedidos no desenvolvimento do trabalho – melhor, mais rápido, mais barato. Eles fizeram pela satisfação de criar algo novo e significativo juntos e pela oportunidade de contribuírem e "darem um polimento nos seus dons". Os líderes na Popular, Inc. compreendem o poder dos valores.

> *"...As empresas mais bem-sucedidas são aquelas que, por causa de seus valores e pelo que elas representam, vencem os corações e mentes das pessoas que dela fazem parte. Acredito que nenhuma organização pode prosperar se não estiver unida por um conjunto de valores comum. E a maximização do lucro como um valor não funciona. Isso não mantém as pessoas unidas e motivadas por um tempo prolongado."*
>
> Richard Carrion, *CEO & Chairman, Popular, Inc.*

Acredito que as empresas e organizações irão enfrentar tremendos desafios quando a economia voltar a crescer – a habilidade de atrair e reter as pessoas melhores e mais brilhantes. Minha filha de 29 anos não consegue trabalhar como fantasma no "escritório", como o definimos atualmente. Muitos de seus amigos que se formaram nas universidades da Ivy League estão deixando as carreiras nas quais investiram muitos anos de desenvolvimento: advogados estão abandonando o direito, MBAs estão abandonando as empresas e corporações, até mesmo os médicos se tornaram desiludidos.

Os jovens estão abandonando as organizações formais em número recorde, optando pela liberdade e por um ambiente onde eles podem inovar e realizar trabalhos significativos, em vez de simplesmente ganharem dinheiro. Nós precisamos fundamentalmente repensar nossas organizações. A maior parte das instituições e organizações simplesmente não é constituída de lugares agradáveis aos seres humanos. Não é preparada para seres humanos que vivem e respiram e assim não representa lugares onde valha a pena o comprometimento das pessoas.

Estamos perdendo nosso senso de comunidade. Em vizinhanças demais nós fechamos nossas portas, nossas janelas e até nossos corações para nossos vizinhos nos seus momentos de necessidade. Muitos de nós nem sabemos quem vive ao lado. Infelizmente, normalmente é necessária uma catástrofe que atinja a todos, para descobrirmos nossa comunidade.

Eu experimentei pessoas descobrindo a comunidade enquanto vivia em Nova Iorque durante o 11 de setembro. Durante aquele evento horrível, as ruas estavam cheias de pessoas prontas e desejosas de se ajudarem mutuamente.

Minha filha desapareceu por sete horas e eu fiquei vagando pelas ruas em desespero. Pessoas completamente estranhas sentiram minha dor e vieram me confortar. Várias pessoas ficaram comigo durante todo o tempo. Todos nos sentimos como um.

> *"Uma comunidade ponderosa compartilha de uma visão comum e de valores comuns para e com todos os seus cidadãos."*

A maneira pela qual nós respondemos às catástrofes que experimentamos na história recente, como o 11 de setembro, os terremotos no Haiti e Chile, o furacão Katrina, os incêndios na Califórnia, o tsunami na Ásia, tem demonstrado que temos capacidade de comunidade em momentos de dor compartilhada. Entretanto, uma verdadeira comunidade não aguarda pela dor compartilhada, mas, antes, percebe a dor no olhar do vizinho e se importa o suficiente para auxiliar, qualquer que seja o dia. Uma verdadeira comunidade conhece quem vive ao lado e no final da rua e está preocupada com o bem comum. Uma comunidade poderosa compartilha uma visão comum e possui valores comuns para e com todos seus cidadãos. A premissa falsa de que todos podemos viver isolados e separados uns dos outros e do planeta que nos sustenta é a raiz da maior parte de nossos problemas atuais. A crise econômica e ambiental mundial iluminou o fato de que estamos todos conectados. Gostem ou não, todos dependemos de um planeta, de seus recursos e de seu povo.

> *"Todas essas descobertas, perspectivas e conhecimentos eram dons que poderiam ter beneficiado a todos quando se reunissem. Mas algo deu horrivelmente errado."*

Eu ouvi uma história da mitologia nativa americana que conta sobre um tempo quando os sobreviventes de um grande dilúvio se reuniram e fizeram planos para renovar a civilização. Eles decidiram se separar em quatro grupos e viajaram em quatro direções para redescobrirem o mundo. A meta era que cada grupo trouxesse suas ricas descobertas de volta, para o benefício de todos. Um grupo foi para o leste, outro para o oeste, outro foi para o norte e outro para o sul. O grupo que viajou para o norte aprendeu a se tornar altamente eficiente, organizado, muito analítico e conservador, habilidades e perspectivas necessárias para navegar pelo seu ambiente muito frio e de recursos limitados. Aqueles que foram para o leste descobriram os desafios da topografia dramática das enormes cadeias de montanhas, aos vastos desertos no meio leste. Eles aprenderam a trabalhar em sincronicidade com a sinistra topografia que os cobria. O grupo que foi para o oeste enfrentou um volume de água aparentemente infinito. Eles aprenderam coragem, perseverança e independência, pois tinham que navegar por oceanos imprevisíveis sem qualquer segurança de que achariam terra no outro lado. O grupo que foi para o sul aprendeu a arte de celebrar, dançar e cantar, pois o seu mundo era rico em recursos, beleza e calor. Todas essas descobertas, perspectivas e conhecimentos eram dons que poderiam ter beneficiado a todos quando se reunissem. Mas algo deu horrivelmente errado.

À medida que o tempo passava, cada grupo esqueceu que sua missão era a de explorar sua parte do mundo para levar suas maravilhosas descobertas e aprendizados de volta para o bem de toda a comunidade. Cada grupo começou a formar sua cultura separada e suas normas. Logo suas normas se tornaram suas crenças, e suas crenças se tornaram suas verdades. Eles começaram a julgar os outros grupos, e logo seu julgamento se transformou em ódio e o ódio solidificou a separação uns dos outros. Eventualmente, eles começaram a se aventurar nos territórios dos outros grupos. Eles lutaram e mataram-se uns aos outros por suas versões de verdade; cada grupo acreditando que a sua verdade era *a verdade*. A missão da comunidade foi esquecida e a guerra e o conflito se tornaram uma forma de vida.

Nós temos passado milhares de anos aprendendo a nos separarmos uns dos outros e do nosso planeta. Estamos somente agora começando a compreender que estamos profunda e inextricavelmente conectados, interdependentes e parte de um todo maior. Estou começando a compreender que a maneira para sair dos meus problemas é a mesma maneira para você sair dos seus. Eu estava falando com meu querido amigo Peter Senge e ele disse algo que é bem verdadeiro: *"Comece em qualquer lugar e você vai acabar em todos os lugares"*. Hoje tudo e todos estão conectados de alguma maneira. O efeito em cascata de nossas ações: como tratamos as pessoas; nossas decisões econômicas; como usamos a energia; o que jogamos no ar e na água; tudo está mais visível, acontece mais rapidamente e tem um impacto maior do que antes. O que ocorre em Darfur, Gaza, Irã, Afeganistão, Mumbai, Equador, Detroit, Rio de Janeiro ou em qualquer lugar do mundo afeta a cada um de nós e a todos nós de alguma maneira.

> *"Um ser humano é parte do todo por nós chamado de universo, uma parte limitada no tempo e no espaço.*
>
> *Ele experimenta a si próprio, seus pensamentos e sentimentos como algo separado do resto, um tipo de ilusão de ótica de sua consciência.*
>
> *A ilusão é um tipo de prisão para nós, nos restringindo aos nossos desejos pessoais e a nos afeiçoarmos a poucas pessoas próximas de nós.*
>
> *Nossa tarefa deve ser a de nos livrarmos dessa prisão por ampliar nosso círculo de compaixão para abraçar todas as criaturas vivas e toda a natureza em sua beleza."*
>
> Albert Einstein

Precisamos redescobrir nossa missão comum, valores compartilhados e nossas verdades transcendentes, pois nós, como humanos, temos muito mais em comum do que de diferente. É crítico que usemos o tempo para repensarmos, recriarmos e renovarmos nossas vidas, nossas comunidades, nossas organizações, nossos relacionamentos mútuos e com o planeta que nos sustenta.

Obstáculos

Nossos maiores obstáculos estão em nós. Quando encontramos a coragem de acreditar em nós mesmos, nosso potencial e nosso poder, podemos criar um mundo novo e melhor. Quando encontramos a coragem para superar nossos medos e visualizamos um futuro positivo, estamos liberados para voar. Temos sido ensinados a duvidar de nós e dos outros. Damos aos cínicos do nosso mundo muito espaço para eles derrubarem a esperança e as possibilidades.

> *"Acredite, nenhum pessimista jamais descobriu o segredo das estrelas, ou viajou por uma terra não demarcada, ou abriu um novo céu para o espírito humano."*
>
> Helen Keller, *surda, cega, autora, ativista política*

Sempre haverá cínicos e pessimistas. O perigo vem quando o *cinismo* se torna a norma. Nos últimos anos nossas sociedades se aproximaram muito dessa condição coletiva. O pessimismo é o maior obstáculo para a criação de nossos sonhos. Muitas vezes está inserido no que as pessoas chamam de "realismo". Já aconteceu de você ter uma grande ideia sobre a qual você estava entusiasmado e quando foi contar para um amigo, um chefe ou um membro da família, eles implodem seu entusiasmo com uma série de "sim, mas..." – *Sim, mas onde você vai conseguir os recursos,* ou, *"Sim, mas será que eles irão permitir?"*. Pela hora que eles terminarem com os seus "sim, mas", você está cheio de dúvidas e sua energia se foi. É importante sonhar grande e é igualmente importante cercar-se de pessoas que irão apoiar seus sonhos, não importando o tamanho deles ou com que frequência você os altera.

Superar obstáculos é uma parte do processo de conquistar nossos sonhos. Quanto maior nosso propósito, maior a apreensão que temos – isso é exatamente quando sabemos que estamos sonhando grande, ousada e audaciosamente. Medos e dúvidas irão sempre elevar suas feias cabeças, nosso trabalho é lutar contra eles e jogá-los ao chão, momento a momento. Quando constatamos que os obstáculos, tropeços, falsos começos e quedas são parte da viagem nós podemos enfrentá-los sem medo, vergonha ou culpa. Quando praticamos um esporte, aprendemos uma dança ou ensaiamos uma peça, raramente conseguimos fazer tudo certo na primeira vez. O que importa é como nos sentimos em relação aos nossos "fracassos". Apesar de a sociedade ter nos condicionado ao medo, somente o indivíduo pode se liberar dele:

Medo de parecer tolo ou sonhar grande demais – A habilidade de sonhar grande é um presente dado somente à espécie humana. Grandes sonhos têm sido a gênese de toda grande realização.

Medo de fracassar – Se nunca tentarmos, certamente iremos fracassar, porque nós nunca iremos realmente atingir nosso potencial. O "fracasso" é parte do crescimento e do desenvolvimento. Nenhuma grande descoberta médica teria ocorrido; nenhum avanço tecnológico teria sido inventado; nenhum humano teria crescido sem a tentativa e o erro. A emoção de que precisamos para encarar o "fracasso" é o entusiasmo que sentimos ao aprender e a autoconfiança que desenvolvemos por nos levantar de novo mais depressa, mais sábios e mais rápidos.

Medo do desapontamento – O desapontamento é apenas um ponto de vista pessoal.

Medo de não pertencer – É muito mais divertido sair da turma e perseguir seus sonhos do que ficar nela e enterrá-los.

Medo de não ser amado ou valorizado – As pessoas tratam as coisas como as tratamos. Se amarmos e valorizarmos a nós mesmos, seremos amados e valorizados.

Por causa da maneira pela qual fui educada e pelas minhas experiências de vida, eu não penso com frequência em termos de obstáculos; eu tenho a tendência de pensar mais em termos de oportunidades. Mas eu preciso admitir que já ocorreram momentos – muitos, muitos momentos – nos quais me senti cansada, quase derrotada e sozinha. Quando esses momentos surgem em mim, eu respiro fundo e lembro a mim mesma que os únicos obstáculos verdadeiros estão dentro de mim. Tenho de estar constante e vigilantemente consciente desta verdade. Quando eu permito medo, ira, ciúme ou amargura no meu coração e na minha mente, fico minada de energia e os problemas diários da vida – as minúcias – tiram minha atenção dos meus propósitos, visão e valores. Nesses momentos eu tiro minha força da minha família e de outros DreamMakers que tive a sorte de conhecer e de escrever a respeito: Rodrigo, sua coragem e seu comprometimento inabalável, contínuo, para mudar vidas fechando o fosso digital; a equipe do CDI de pessoas comprometidas que estão divulgando essa visão pelo mundo. Eu recebi uma enorme inspiração dos parceiros do CDI, Ronaldo, Maria, Leco e Wanderson, que transformaram suas vidas e estão ajudando outros a fazerem o mesmo.

Na maior parte do tempo, felizmente, meus olhos estão no futuro e eu acredito que ele será de grande esperança e promessas para todos os povos do mundo. Imagine o que aconteceria se pudéssemos nos levantar a cada dia e canalizar nossa energia, nossa paixão e nossos talentos para conquistar nossos sonhos. As pessoas são extraordinárias e capazes de coisas extraordinárias quando reconhecemos nossas ligações e aspirações comuns e nossa bondade básica. Quando confiamos nessa verdade, podemos fazer qualquer coisa. Não precisamos esperar por algum líder, herói ou visionário extraordinário para liderar o caminho. O poder vem de nossa visão coletiva, nossos valores profundos e nossa vontade coletiva de criar um mundo melhor.

Deixar Ir

É difícil se liberar do passado. De fato, para criar nosso futuro, precisamos aprender do nosso *passado*. Nessa era, onde todas as instituições estão "reinventando" a si próprias, nós certamente precisamos nos dar um tempo para examinar e inquirir sobre o que funcionou, o que precisa ser mudado, e que necessidades devem ser abandonadas. Somente então poderemos decidir o que realmente desejamos criar em nossas vidas, famílias, comunidades e instituições. Então agora é o momento mais importante para nós escutarmos histórias diferentes, maneiras diferentes de pensar, maneiras diferentes de organização do trabalho e de comunidades. Então poderemos sepultar o passado que não mais nos serve e deixar o novo entrar.

> *"Para sermos inventores e descobridores responsáveis, precisamos ter a coragem de nos libertarmos do mundo antigo."*
> Meg Wheatly, *Leadership and the New Science*

Uma amiga, Debra Jones, me contou uma história maravilhosa contada a ela por um ancião indígena da tribo dos Hoopoe. Os Hoopoes e muitos outros povos nativos pelo mundo possuem "histórias tribais" e metáforas para ajudar na explicação de nossos tempos, que eles chamam "os mais rápidos", referindo-se ao ritmo e à profundidade das mudanças que estamos todos experimentando. A metáfora que esse ancião Hoopoe usou é a de um rio movendo-se rapidamente montanha abaixo: nós somos arrastados pela correnteza. Muitos de nós entram em pânico e tentam se segurar na margem do rio. Mas ao nos segurarmos somos machucados e atirados pela corrente e pelos detritos do rio. Entretanto, quando aprendemos a deixar seguir e nos movemos com o fluxo natural do rio, nós flutuamos com leveza e seguimos, descobrindo novas e belas paisagens, sons e experiências. Nossa visão e nossos valores se tornam um guia para uma fronteira ainda inexplorada. Eles mostram nosso caminho para o futuro.

E se?

Nós, seres humanos, construímos essas instituições, organizações, comunidades e sociedades e temos a capacidade, a inteligência e a criatividade de reconceitualizar, redesenhar e reconstruí-las. Precisamos de vontade, coragem e espírito para tocarmos nas mentes, corações e imaginação das pessoas de nossas organizações e comunidades para criarmos locais saudáveis, acolhedores e sustentáveis, dignos do comprometimento e do respeito das pessoas.

E se nossa sociedade e nossos negócios valorizassem as pessoas, as famílias e comunidades acima do dinheiro, do status e das coisas?

E se a tomada de decisões com base na ética fosse recompensada?

E se nossas escolas fossem o centro de nossas comunidades, pessoas, serviços e atividades comunitárias girando em torno das escolas – elas se tornando centros comunitários?

E se toda empresa adotasse uma escola?

E se as empresas não tivessem apenas o "dia de levar seu filho ao trabalho", que é muito bom – mas também levasse um estudante de escola secundária que esteja "em risco" (de escolas pobres e comunidades) para trabalhar? Essas crianças nunca viram esse mundo – poderá dar a partida a um sonho.

E se fosse contra a lei as escolas não possuírem bibliotecas e livros de textos e professores carinhosos e competentes?

E se nossas organizações, nossos locais de trabalho fossem lugares dignos do comprometimento das pessoas?

E se considerássemos nosso planeta um solo sagrado – e como bons comissários de bordo, nossas decisões e comportamento nutrissem e sustentassem nosso planeta para nossas crianças e gerações vindouras?

E se a guerra fosse considerada como uma maneira primitiva e imoral de resolver conflitos e nós abraçássemos a crença de que nós ganhamos a guerra fazendo amigos?

Por que Não!

Por que não transformarmos nosso mundo? Temos a capacidade de transformá-lo para termos um melhor, mais leve, mais natural e mais sustentável modo de vida. Podemos encontrar a coragem de abandonarmos o passado que não mais nos atende e sonhar e criar um mundo melhor. Nosso tempo exige pensamento coletivo, colaboração, riscos e experiências. Mais do que tudo, exige que encontremos a coragem para desafiarmos e examinarmos nossas premissas básicas sobre tudo: como planejamos nossas vidas, como trabalhamos, como brincamos, e, mais importante, nosso relacionamento com nosso ambiente e com o próximo.

A esperança real está com os jovens. Eles são fundamentalmente diferentes das gerações passadas. A tecnologia deu a eles acesso a uma pletora de informações, a oportunidade de aprenderem e crescerem e a habilidade de se conectarem com as pessoas de todo o mundo. Eles compreendem o poder das conexões e nós os vemos se comunicando com pessoas que pensam como eles, fazendo as mudanças acontecerem. Eles não estão buscando ou seguindo a norma, eles a estão criando. Eles compartilham uma atitude de "posso fazer" e não temem correr o risco. Mais importante, eles têm esperança.

Marshall Ganz, que é conhecido por desenvolver a base da bem-sucedida estratégia de organização e treinamento para a vitória na campanha presidencial de 2008 de Barack Obama, acredita no poder dos jovens. Aquela campanha foi baseada em "Liderança Distribuída" e usou a poderosa tecnologia da Internet. Os jovens assumiram a filosofia e ensinaram competências de liderança distributiva a centenas de milhares de pessoas em comunidades nos Estados Unidos. Essa abordagem de liderança compartilhada é compatível com a forma pela qual muitos jovens pensam e sentem.

Ganz também acredita que "capacidade estratégica" é essencial para um movimento de base em larga escala ser bem-sucedido. De acordo com Ganz, a "capacidade estratégica" possui três componentes básicos: motivação, acesso a conhecimentos relevantes e acesso a deliberações que levem a novas aprendizagens. Os jovens estão aprendendo e adotando essas qualidades. Acredito que eles estão no caminho para criarem um futuro melhor.

"Os jovens têm o destino quase biológico de serem esperançosos."

Marshall Ganz

O mundo testemunhou o que parecia impossível de acontecer na América – a eleição do primeiro afro-americano para o cargo de presidente dos Estados Unidos. Foram os jovens que organizaram, defenderam e influenciaram os eleitores dos Estados Unidos a colocarem de lado seus preconceitos históricos e seus estereótipos históricos para elegerem Barack Obama. Minha filha Nicole trabalhou em tempo integral na campanha do presidente Obama. Ela saiu de seu emprego como repórter de finanças em Wall Street para *"ajudar a mudar o mundo"*. Eles a mandaram para Ohio e ela era parte da equipe que ajudou a vencer o estado onde a batalha mais se desenvolvia. Esses jovens foram parte de uma campanha alimentada pela visão de esperança e guiada pelos três valores fundamentais da campanha – respeito, delegação e inclusão.

A tarefa parece difícil. Costumo pensar que os assuntos neste mundo são de tão grande magnitude que somente os mais otimistas e visionários poderiam sonhar em enfrentá-los. Assuntos como preconceito, ódio e fragmentação da nossa consciência coletiva, pobreza e degradação ambiental e conflitos. Mas os bolsões de esperança que testemunhei e sobre os quais escrevi me ensinaram muito sobre o que é possível As pessoas e as organizações como o CDI são laboratórios vivos que estão demonstrando que podemos mudar nossa realidade. Como um jovem no nosso documentário DreamMakers declarou:

> *"Existem todos esses bolsões de esperança se desenvolvendo por todo o mundo. Brevemente, eles não serão mais bolsões – apenas serão."*

Eu vejo essa esperança, essa nova atitude em todos os lugares que eu vá. Dos mais pobres entre nós aos mais ricos, estamos mudando. Algo muito profundo está acontecendo. A partir do nível crescente de descontentamento alguma coisa belíssima está emergindo – uma mudança na consciência está se propagando em todo o mundo, está despertando um senso de espírito e um desejo crescente de trazer esse espírito vivo em nosso trabalho, nossas instituições, nossas comunidades e nossas vidas pessoais. É uma forma diferente de "revolução". É orgânica, bela e graciosa. É *"pessoa a pessoa"* em um fluxo de mudança de valores, saindo do que é superficial para o que realmente importa na vida. São comunidades de pessoas mobilizadas em torno de visões e valores comuns. As pessoas estão despertando para a conscientização de que somos todos responsáveis pela nossa condição atual e nosso comportamento precisa mudar drasticamente. Essas conexões *"pessoa a pessoa"*, tornadas possíveis pela explosão das redes sociais na Internet, criaram uma pandemia bela e saudável. As pessoas levadas a esses movimentos estão descobrindo um senso de poder. Estão se auto-organizando, formando e normatizando sem a influência de governos, estruturas, hierarquias, porteiros, regras ou tradições. Elas ganham poder da energia alimentada por sua paixão e pela força de seu comprometimento de fazerem uma diferença – elas estão assumindo a responsabilidade além de suas próprias vidas. Elas acreditam que podemos salvar o mundo.

Uma Chamada para a Ação

Podemos Mudar Tudo Isso

Agora acredito que, *nós, o povo do planeta,* podemos mudar o mundo. Não precisamos esperar por algum herói, algum líder visionário que venha para nos salvar. Podemos fazê-lo pessoa a pessoa, família a família, comunidade a comunidade. É possível fazer nossas esperanças e sonhos virarem realidade.

Podemos ter a oportunidade única na vida de repensarmos, redesenharmos e renovarmos nosso governo, nossas instituições, locais de trabalho e nossas comunidades. Agora, mais do que nunca, temos a oportunidade de imaginar nosso futuro. Temos as condições e o senso de urgência que nos podem fornecer a coragem e a energia para renovarmos e redesenharmos nossas instituições, organizações e comunidades para *servir às pessoas, comunidades e famílias.*

As pessoas são extraordinárias e capazes de conseguir coisas extraordinárias quando mobilizadas em torno de uma visão convincente compartilhada e de valores compartilhados e nós nos unimos e colocamos nossas mentes, corações e imaginação coletivos para trabalhar. E são aqueles de nós no planeta hoje que têm a responsabilidade e que precisam encontrar a coragem para reescreverem nosso futuro e criarem um mundo melhor.

Como os DreamMakers que entrevistei em meus livros e muitas pessoas no mundo, acredito que agora é o momento mais empolgante na história da humanidade para se estar vivo. Tantas barreiras foram rompidas, agora temos a responsabilidade de recriar nosso mundo de maneira que amplie o que temos aprendido dos erros da história, tragédias e sucessos. O que parece e sentimos como caos e confusão pode se tornar o material a partir do qual os sonhos são feitos.

> *"O que temos diante de nós são algumas oportunidades incríveis disfarçadas de problemas insolúveis."*
> John Gardner, *Fundador da Common Cause*

A boa-nova é que a esperança está começando a emergir, pessoa a pessoa, em grupos e comunidades ao redor do mundo. As pessoas estão buscando novas maneiras de transformar suas vidas, organizações, comunidades e circunstâncias. Um número sem precedentes de pessoas está se reunindo para conversar sobre assuntos globais e problemas que afligem pessoas em comunidades aos quais eles nunca conheceram – pobreza, AIDS, água limpa, educação. A quantidade de grupos de redes sociais se conectando, aprendendo e trabalhando juntas com pessoas que pensam de forma semelhante para solucionarem os problemas é surpreendente. A tecnologia de rede social através da Internet, de rápida evolução tem-se tornado uma ferramenta poderosa para a ação social, ambiental e política – e não se pode detê-la!

Essa mentalidade emergente está enraizada em valores positivos transcendentes que a maioria das pessoas valoriza, independent da cultura, religião ou circunstância. Acredito que todos, em todos os lugares, desejam o amor, a compaixão, um senso de pertencer e a oportunidade de desenvolver e crescer. As pessoas desejam contribuir com seus dons para as coisas que mais lhes importam. As pessoas estão encontrando a coragem para se liberarem do passado e estão se unindo para a criação de um futuro melhor.

Parece existir um desejo crescente ou uma necessidade de se viver com um senso de propósito – de se deliberar sobre a forma como vivemos em nossas comunidades, organizações e instituições. Uma quantidade crescente de pessoas deseja que suas vidas tenham importância; desejam viver com um senso de propósito. Estamos desenvolvendo um nível totalmente novo de responsabilidade.

As pessoas em todos os lugares estão buscando, por exemplos, uma nova maneira de viver, liderar, trabalhar e ser. Estão famintas por aprender de outras pessoas, organizações e comunidades que estão transformando o medo e a desesperança em ações positivas de mudança.

O Rio de Janeiro Pode ser um Exemplo para o Mundo

A Copa do Mundo de 2014 e as Olimpíadas Internacionais de 2016 fornecem as razões motivadoras para a mudança e poderão servir como catalisadoras para o Rio dar saltos exponenciais no desenvolvimento sustentável de seu povo, comunidades, organizações, economia, infraestrutura – todas as dimensões da sociedade. O Rio é abençoado com todos os ingredientes para se tornar a cidade mais bonita do mundo; seu povo compartilha de um sentimento de orgulho e espírito que ressoa amor, beleza e alegria. Ele possui recursos naturais em abundância. A topografia é de tirar o fôlego. As empresas estão crescendo e a maioria possui um forte senso de responsabilidade social.

Imagine o Rio de Janeiro em 2016! Ele se terá tornado uma cidade do mundo; a cidade para a qual os povos de outras cidades olham quando desejam compreender como tornar seus sonhos em realidade. Uma cidade que se transformou em exemplo para o mundo em desenvolvimento sustentável; ecumenicamente, socialmente, culturalmente, politicamente, eticamente e ambientalmente. Uma cidade que cresceu a partir de uma poderosa visão compartilhada e valores comuns que uniram e mobilizaram todos os cidadãos do Rio de Janeiro para criarem a mais bonita cidade do mundo.

Nossa época exige que nós alinhemos autenticamente nossas ações com nossas aspirações, crenças e valores fundamentais. Acredito que todos aspiram a serem livres; serem valorizados; respeitados. Todos desejamos contribuir com nossos dons e aprender a crescer. Todos necessitam pertencer – ter uma conexão com uma comunidade de pessoas. Todos desejamos amar e ser amados. Entretanto, as crenças e premissas a partir das quais construímos nossas instituições, organizações, comunidades e nossas vidas são a antítese desses valores e aspirações humanos fundamentais. Mas não podemos fazê-lo sozinhos. É necessária uma liderança coletiva; uma comunidade de pessoas trabalhando juntas com o propósito, visão e valores comuns onde todos na comunidade possam contribuir com seus dons, todos fazendo a sua parte.

Muitas vezes penso na lagarta, sobre como ela realiza sua viagem para se tornar uma borboleta. Serve como uma grande metáfora para mim durante esse tempo. Logo antes de passar por sua transformação, ela está em um casulo que é escuro e está se deteriorando. Tudo deve parecer muito amedrontador para a lagarta – confuso, feio e até mesmo com risco de vida. Logo, entretanto, uma borboleta surge, mas somente quando a lagarta tiver aprendido a se libertar do que era, para que ela possa ser o que deve ser em seguida. Quando ando por um campo na primavera vejo casulos que viraram túmulos, mas, na maior parte, vejo borboletas coloridas e graciosas vivendo o estágio seguinte de suas vidas.

Para a humanidade se libertar, precisamos apelar para tudo que faz com que nós humanos sonhemos um novo mundo juntos – e encontremos a coragem de nos desapegarmos do mundo antigo. Temos a vantagem de *escolhermos* nossa próxima fase nesse mundo. Precisamos escolher bem e com sabedoria, e com grande respeito pela dignidade de todo tipo de vida. Nessa época extraordinária, sem precedentes na história da humanidade, temos ao nosso alcance os meios para fazermos nossas esperanças e sonhos se tornarem realidade.

Quando deixei a Herman Miller para iniciar na administração do presidente Clinton, um grupo de funcionários me deu um presente lindo que mantenho pendurado na parede de meu escritório; eu o aprecio muito. É uma linda pintura abstrata de nosso planeta com as pessoas ligadas pela cabeça e pelo coração. A inscrição abaixo da pintura tem como título *Ascensão* e diz:

> *"A ascensão alimenta a paixão para explorarmos territórios não demarcados sem hesitação ou dúvida; ser um agente de mudança enquanto desafiando outros a assumirem o mesmo comprometimento; deixar uma herança pela qual outros se sintam motivados e transformados".*

Meu sonho é que possamos aprender dos DreamMakers nesse livro e de muitos DreamMakers que vemos, lemos e sobre os quais tomamos conhecimento diariamente; que possamos nos inspirar a descobrir o DreamMaker que está dentro de nós. E, então, encontrarmos a coragem e a vontade de visualizar o mundo de nossos sonhos. Se colocarmos nossos corações, mentes e imaginação coletivos para trabalhar, poderemos criar as famílias, organizações, comunidades e o mundo de nossos sonhos. É nosso direito e nossa responsabilidade.

Zilda Arns

Médica pediatra, sanitarista e fundadora da Pastoral da Criança.

Dra. Zilda Arns Neumann, 75, fundadora e coordenadora da Pastoral da Criança, ligada à Confederação Nacional dos Bispos do Brasil (CNBB), e três vezes indicada ao Prêmio Nobel da Paz pelo Brasil. Iniciou seu trabalho em 1982, após um membro das Nações Unidas incumbir seu irmão, o cardeal arcebispo de São Paulo, Dom Paulo Evaristo Arns, a promover a redução da mortalidade infantil no país por meio da Igreja Católica.

Formada em medicina e com especializações em educação física e pediatria, o trabalho de Zilda com crianças começou no Hospital Cezar Pernetta, no Paraná, em meados dos anos 50. Após trabalhar em outras instituições, reforçou seus laços com os jovens com apoio do Unicef e da Igreja.

Zilda levou a primeira ação da entidade a Florestópolis, no Paraná, onde o índice de mortalidade chegava a 127 mortes a cada mil crianças. Após um ano de atividade, esse número recuou para 28 mortes a cada mil nascimentos. O sucesso inicial incentivou a Igreja a expandir a Pastoral da Criança para todos os Estados do país. Hoje a instituição estima que cerca de 2 milhões de crianças e mais de 80 mil gestantes sejam acompanhadas todos os meses pela entidade em ações básicas de saúde, nutrição, educação e cidadania.

Até sua morte no dia 12 de janeiro de 2010, em terremoto no Haiti, Zilda coordenava cerca de 155 mil voluntários, presentes em mais de 32 mil comunidades em bolsões de pobreza em mais de 3.500 cidades brasileiras.

Por seu trabalho na área social, Dra. Zilda Arns recebeu diversas condecorações tais como: Woodrow Wilson, da Woodrow Wilson Fundation, em 2007; o Opus Prize, da Opus Prize Foundation (EUA), pelo inovador programa de saúde pública que ajuda a milhares de famílias carentes, em 2006; Heroína da Saúde Pública das Américas (OPAS/2002); 1º Prêmio Direitos Humanos (USP/2000); Personalidade Brasileira de Destaque no Trabalho em Prol da Saúde da Criança (Unicef/1988); Prêmio Humanitário (Lions Club Internacional/1997); Prêmio Internacional em Administração Sanitária (OPAS/1994); títulos de Doutor Honoris Causa das Universidades: Pontifícia Universidade Católica do Paraná, Universidade Federal do Paraná, Universidade do Extremo-Sul Catarinente de Criciúma, Universidade Federal de Santa Catarina e Universidade do Sul de Santa Catarina. Dra. Zilda é Cidadã Honorária de 10 estados e 35 municípios; e foi homenageada por diversas outras Instituições, Universidades, Governos e Empresas.

DreamMakers - *Fazedores de Sonho*
Visão & Valores em Ação
Michele Hunt

240 páginas
Formato: 17,5 x 24cm

A frustração, a ansiedade e o medo que sentia por viver nestes tempos de mudanças e transformações bruscas levaram a autora a escrever esta obra. Nela, doze líderes contam, com suas palavras, como lideraram transformações organizacionais em larga escala, enfrentando resistência, medo e adversidades.

Além da estória de líderes como Joe Brodecki, que levantou fundos para o United States Holocaust Memorial Museum, Marilyn King, ex-atleta olímpica e fundadora da Beyond Sports, e David Cole, ex-presidente da America Online.

O livro descreve em suas páginas comunidades e organizações que realizam sonhos tidos como impossíveis.

Inovação
O Combustível do Futuro
Luiz Fernando Leite

168 páginas
Formato:16 x 23cm

O livro faz uma análise profunda sobre inovação tecnológica no Brasil, mostrando esforços realizados ao longo de anos pela Petrobras, através do Centro de Pesquisas e Desenvolvimento – CENPES. O autor conceitua o processo de inovação tecnológica, seus agentes, suas classificações e aspectos de sua gestão. A obra ainda discorre sobre o cenário do Sistema Nacional de Inovação e seus atores: governo, academia, empresas e ONG's.

Entre em sintonia com o mundo

QualityPhone:

0800-0263311

Ligação gratuita

Qualitymark Editora
Rua Teixeira Júnior, 441 – São Cristóvão
20921-405 – Rio de Janeiro – RJ
Tels.: (21) 3094-8400/3295-9800
Fax: (21) 3295-9824
www.qualitymark.com.br
e-mail: quality@qualitymark.com.br

Dados Técnicos:	
• Formato:	16 x 23 cm
• Mancha:	12 x 19 cm
• Fonte:	Times New Roman
• Corpo:	11
• Entrelinha:	13,5
• Total de Páginas:	200
• 1ª Edição:	Junho de 2010
• Gráfica:	Armazém das Letras